Topos plus **Taschenbücher**
Band 404

Topos plus positionen

Herausgegeben von Wolfgang Beinert

Günter Koch

Sakramentale Symbole
Grundweisen des Heilshandelns Gottes

Topos plus Taschenbücher

Topos plus Verlagsgemeinschaft

Butzon & Bercker, Kevelaer | Don Bosco, München
Echter, Würzburg | Verlag Katholisches Bibelwerk, Stuttgart
Lahn-Verlag, Limburg Kevelaer | Matthias-Grünewald-Verlag, Mainz
Paulusverlag, Freiburg Schweiz | Friedrich Pustet, Regensburg
Styria, Graz Wien Köln | Tyrolia, Innsbruck Wien

Die Deutsche Bibliothek – CIP-Einheitsaufnahme
Ein Titeldatensatz für diese Publikation
ist bei Der Deutschen Bibliothek erhältlich.

© 2001 Verlag Friedrich Pustet, Regensburg
Originalausgabe
Kein Teil des Werkes darf in irgendeiner Form
(durch Fotografie, Mikrofilm oder ein anderes Verfahren)
ohne schriftliche Genehmigung des Verlages
reproduziert, vervielfältigt oder verbreitet werden.

Einband- und Reihengestaltung:
Akut Werbung GmbH, Dortmund
Herstellung: Pustet, Regensburg
Printed in Germany

Topos^{plus} - Bestellnummer: 3-7867-8404-3

Inhalt

Vorwort – Zum Weg der Untersuchung 7

1. **Zugangsschwierigkeiten** 13
   Liturgische Sprachnot 13
   Schwierigkeiten mit dem Symbolverständnis . . . 14
   Das magische Missverständnis der Sakramente . . 17
   Gnadenverdinglichung – die Fremdheit des
     Gnadenbegriffs 18
   Die individualistische Verkürzung der Sakramente 19
   Die Herleitung der Sakramente aus der
     Religionsgeschichte 21

2. **Zugangschancen, speziell auch im Symbol-
   verständnis** 23
   Symbole im Aufwind 24
   Gnade: konkretes Heil aus der Zuwendung Gottes 31
   Die Sakramente: in Jesus Christus verwurzelt . . . 33
   Die Sakramente: wirksam aus Gottes Verheißung . 34
   Ein unverfängliches Zeugnis für die Sakramente . 35

3. **Der geschichtliche Weg kirchlichen
   Sakramentenverständnisses** 38
   Biblische Ursprünge 38
   Wege und Abwege der Lehre von den
     Sakramenten 47
   Neuansätze in der Sakramentenlehre vor dem
     Zweiten Vatikanischen Konzil 59
   Die Sakramentenlehre des Zweiten Vatikanischen
     Konzils als Magna Charta einer erneuerten
     Sakramententheologie 64

4. Nachkonziliare Entwicklungen 70
   Die gemeinsamen Baupläne 70
   Unterschiedliche Innenarchitekturen 76
   Der Grundplan und die Baustellen 82
   Die ökumenische Sonderbaustelle 103

5. Wie sich aus den Sakramenten leben und miteinander leben lässt 107

Epilog: Wirkende Zeichen der Lebensfülle in Zeugnissen 113

Anmerkungen 118
Stichwort: Sakramentale Symbole –
   Grundweisen des Heilshandelns Gottes 124
Kleines Wörterbuch 126
Abkürzungen 137
Register 139
Bildnachweis 141
Der Autor 142

Vorwort –
Zum Weg der Untersuchung

Vorwort

Was in diesem Band erörtert wird, *bezieht sich auf alle Sakramente*. Nun ist aber leicht zu sehen, dass der Begriff Sakrament und seine Bestimmungselemente eine Abstraktion darstellen, abgelesen an den sieben Einzelsakramenten. Man fragt: Was ist diesen sieben gottesdienstlichen Symbolhandlungen und nur ihnen eigentlich gemeinsam? In diesem Sinne ist der Begriff Sakrament etwas eher Sekundäres. *Primär, und zwar der Erfahrung nach, geschichtlich wie logisch gesehen, sind die Einzelsakramente Taufe, Firmung, Eucharistie, das Bußsakrament, die Krankensalbung, das Weihe- und das Ehesakrament.* Den Einzelsakramenten ist entsprechend auch ein eigener Band dieser Buchreihe „Topos plus positionen" gewidmet, der unter dem Titel „Sakramente – Hilfen zum Leben" – vom gleichen Verfasser stammend – im Frühjahr 2001 erschienen ist. In diesem Band geht es um die jeweilige Eigengestalt der Einzelsakramente, ihre besondere Aufgabe im Dienste geglückten Lebens, wobei jeweils Zugangsschwierigkeiten und neue Zugangsmöglichkeiten sichtbar gemacht werden. Die traditionelle Sakramentenlehre stand in Gefahr, den Allgemeinbegriff des Sakramentes so sehr zur Messlatte der Einzelsakramente werden zu lassen, dass darüber ihr je besonderer Sinn und auch ihre je besondere Feiergestalt wie auch ihr besonderer Sitz im Leben des Einzelnen und der Gemeinde der Glaubenden aus dem Blick geraten konnten. Unter diesem Gesichtspunkt war es sinnvoll, der Besinnung auf die Sakramente im Allgemeinen eine Betrachtung der Einzelsakramente vorausgehen zu lassen.

Andererseits gibt es aber doch so viele Gemeinsamkeiten

unter den sieben Sakramenten und in der Folge so viele gemeinsame Fragen und Probleme wie auch neue Zugangschancen, *dass es gerechtfertigt, ja geboten ist, sich in eigener Gedankenführung auch den Sakramenten in ihrer Gesamtheit zuzuwenden* und so den Bereich neu zu durchdenken, den man in der theologischen Tradition als „Allgemeine Sakramentenlehre" bezeichnet hat. Es ist gerechtfertigt, ja geboten zu fragen, wie denn die Sakramente wirken und was wir von ihnen erhoffen dürfen; wie uns und unseren Mitmenschen, ja auch der Welt, in der wir leben, die Gesamtheit der ja nicht einfach unverbunden nebeneinander stehenden, sondern einander zugeordneten sakramentalen Zeichenhandlungen hilfreich sein kann: *hilfreich für ein geglücktes Leben und Zusammenleben, wie es letztlich nur in der heilschenkenden Begegnung mit dem lebendigen Gott uns Menschen zuteil werden kann.*

Zum Weg der Untersuchung

„Gott schenkt den Menschen Heil keineswegs *nur*, aber in grundlegender Weise in sakramentalen Symbolhandlungen." Dieser Satz gibt das Leitmotiv der folgenden Überlegungen an. Es geht also im vorliegenden Band vor allem um die Sakramente der Kirche und um das Heil, das sie vermitteln können, dies aber unter einem besonderen Gesichtspunkt: *Nicht zuletzt soll der Symbol- oder Zeichencharakter der Sakramente in den Blick genommen werden*, um auch auf diese Weise das Phänomen Sakramente dem Verständnis näher zu bringen.

Als Sakramente bezeichnet die römisch-katholische Kirche – und ähnlich tun es die Kirchen des Ostens – sieben gottesdienstliche (liturgische) Handlungen, die man in der Tat als *Zeichen- oder Symbolhandlungen* charakterisieren kann. Die Kirchen der Reformation des 16. Jahrhunderts kennen demgegenüber nur zwei, höchstenfalls drei Sakramente.

Für die römisch-katholische und die so genannten Ostkirchen stehen diese sakramentalen Symbolhandlungen im Zentrum ihres gottesdienstlichen Lebens, im Zentrum ihrer Frömmigkeit. Die Darlegung der Sakramente im Allgemeinen und der sieben Einzelsakramente im Besonderen nimmt entsprechend auch in den dogmatischen Lehrbüchern einen wichtigen Rang ein. In Lehrbüchern früherer Zeiten konnte sie bis zu einem Drittel des gesamten Raumes beanspruchen. Das ist freilich aus heutiger Sicht als unangemessen zu betrachten.

Die dogmatische Tradition bestimmt das Sakrament auf der Grundlage lehramtlicher Aussagen näherhin als *gnaden- oder heilwirkendes Zeichen* (*signum gratiae efficax*), oder etwas erweitert, als *von Christus eingesetztes Zeichen, das kraft seines Vollzugs die Gnade zugleich bezeichnet und im Menschen bewirkt, sofern nur der Mensch dem kein Hindernis entgegensetzt.*[1]

Diese „Definition" und das ihr zu Grunde liegende Sakramentsverständnis haben bei aller Berechtigung auch ihre Probleme. Sie sind, wie in einem ersten Schritt zu zeigen sein wird, dazu geeignet, das Wesen der Sakramente, das, was sie sind und „bringen" könnten, gerade für den heutigen Menschen nicht nur zu erhellen, sondern auch zu verdunkeln. So mag es schon auf den ersten Blick Verwunderung erregen, dass der Mensch, um dessen Heil es doch in den Sakramenten geht, in dieser traditionellen Bestimmung der Sakramente eine nur untergeordnete, jedenfalls eine eher passive Rolle spielt, dass ebenso die glaubende und Gottesdienst feiernde Gemeinde, in der die Sakramente gespendet, ja, von der sie mitgespendet werden, außerhalb der Betrachtung bleibt. Wenn nur der Sakramentenspender, so könnte es aussehen, die vorgeschriebene sakramentale Handlung in der richtigen Weise vollzieht, dann wird sich im Empfänger die angezielte Wirkung, die Gnade, das Heil, schon einstellen, sofern der Empfänger dem nicht absichtlich ein Hindernis entgegenstellt. Bei einem solchen Verständnis kommt ganz sicher auch der Symbolcharakter der Sakramente zu kurz: *Symbole oder Zeichen kann man nicht einfach über sich ergehen lassen; man muss sie innerlich mit vollziehen können.*

Auf die *Schwierigkeiten und Probleme*, die ein traditionelles Sakramentenverständnis und eine traditionelle Sakramentenpraxis dem heutigen Menschen, auch dem glaubenden und nach dem Glauben suchenden Menschen, bereiten können, wird in einem ersten Abschnitt unsrer Überlegungen eingegangen werden müssen: Was macht die traditionelle Sicht der Sakramente, aber was macht überhaupt die Vorstellung eines Sakramentes als eines heilswirksamen Zeichens für die Menschen unserer Tage und unsres Kulturkreises schwer zugänglich oder sogar unannehmbar? In einem zweiten Abschnitt ist dann der Frage nachzugehen: *Was könnte gerade uns heutigen Menschen einen Zugang zu den Sakramenten eröffnen*, wo könnte möglicherweise ein erneuertes Sakramentenverständnis zur *Antwort auf Fragen und Sehnsüchte* werden, die uns erfüllen und umtreiben? Dabei ist wie auf die Schwierigkeiten, die heutige Menschen mit dem Symbolverständnis haben, vorrangig auch auf die Chancen einzugehen, die *der heute neu erwachende bzw. leicht zu weckende Sinn für lebensfördernde Zeichen und Symbole* im Blick auf ein rechtes Sakramentsverständnis mit sich bringen könnte. In einem dritten Abschnitt unsrer Untersuchungen wird dann auf den *geschichtlichen Weg kirchlichen Sakramentenverständnisses* – beginnend mit den

Die sieben Sakramente der Kirche in symbolischer Darstellung
Die Symbole der sieben Sakramente sind eingezeichnet in eine symbolische Darstellung der aus „lebendigen Steinen" (vgl. 1 Petr 2,5) erbauten Kirche, die man mit dem Zweiten Vatikanischen Konzil auch als Universalsakrament bezeichnen kann. Diese wiederum hat ihr Fundament in Jesus Christus, dem „Ursakrament", hier symbolisiert im Christusmonogramm, den griechischen Anfangsbuchstaben des Namens Christus. Gerade so kommt die tiefgründige Zusammengehörigkeit der sieben so unterschiedlichen Sakramente zum Ausdruck: In ihnen wie auch dem wirkenden Worte Gottes verwirklicht sich je neu die Kirche als Universalsakrament aus Christus, dem Ursakrament, hinein in die

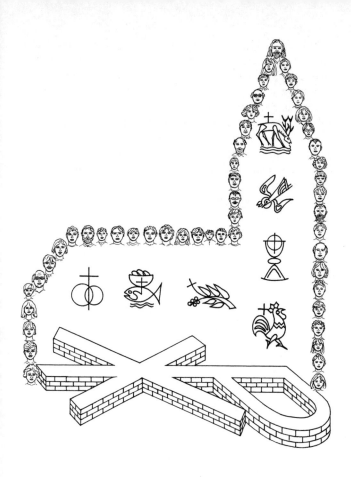

grundlegenden Lebenssituationen des Einzelnen und der Gemeinschaft.
– Die Taufe wird dargestellt durch einen Hirsch, der aus strömendem
Wasser trinkt (vgl. Ps 42,2), die Firmung durch die Geisttaube, die
Eucharistie durch Hostie und Kelch, das Bußsakrament durch einen
Hahn, mit dem auf Verrat und Reue des Petrus (vgl. Mk 14,72 par.)
angespielt wird, die Krankensalbung als Ölsalbung durch einen
Ölzweig, das Weihesakrament durch den Fisch als altes Christussymbol
und eine Schale mit Brot, das Ehesakrament schließlich durch zwei im
Zeichen des Kreuzes zusammengefügte Ringe. Bei allen Sakramenten ist
das Kreuz als Symbol für das Erlösungswerk Christi sichtbar.

biblischen Ausgangspositionen – einzugehen sein, wobei nicht zuletzt das Zweite Vatikanische Konzil als entscheidende Wegweisung für eine erneuerte Sakramentenlehre in den Blick kommen soll. Ein vierter Abschnitt wird zeigen, wie auf den Fundamenten, die das Zweite Vatikanische Konzil gelegt hat, *bereits weiter gebaut wurde bzw. wo noch weiter zu bauen ist, gerade auch unter ökumenischen Gesichtspunkten*. Ein fünfter Abschnitt schließlich wird unter dem Titel „Wie sich aus den Sakramenten leben und miteinander leben lässt" der Frage nachgehen, *was die gläubige Feier bzw. Mitfeier der Sakramente für das konkrete Leben bringen könnte*.

1. Zugangsschwierigkeiten

Liturgische Sprachnot

Die Sakramente sind, wie schon gesagt wurde, liturgische Handlungen, sie gehören in den größeren Zusammenhang des Gottesdienstes der Kirche. Für viele Menschen besagt die Sprache des Gottesdienstes nichts mehr oder nicht mehr viel. In der feierlichen, aber auch in mancher Hinsicht theologisch abstrakten Sprache der Liturgie scheint das konkrete Leben mit seinen Ängsten, seinen Beunruhigungen und Trostlosigkeiten, aber auch mit seinen Hoffnungen, Freuden und Verheißungen nicht vorzukommen. *Der Gottesdienst, damit aber auch die Sakramente, und das alltägliche Leben sind für viele Zeitgenossen einander fremd geworden.* Eindrucksvoll formuliert der zeitgenössische Schriftsteller *Martin Walser* (geb. 1927) diese Schwierigkeit:

> „Mit Lissa in der Kirche. Konnte nicht beten. Der Zwang, an Anselm zu denken, ist stärker. Da darf ich in meinen eigenen Worten denken. Die feierliche Amtssprache in der Kirche klang fremd. Kunstgewerbe-Vokabular, Luft aus einem Fön. Glauben die Frommen, Gott höre sie nur, wenn sie beten, er habe keine Ahnung von den Worten, die sie sonst denken und sagen? Man kann sich nicht vorstellen, dass der Pfarrer erlebt hat, was er in der Predigt erzählt. Mein Leben ist in der Gebetssprache nicht mehr unterzubringen. Ich kann mich nicht mehr so verrenken. Ich habe Gott mit diesen Formeln geerbt, aber jetzt verliere ich ihn durch diese Formeln."[2]

Davon betroffen sind natürlich auch Begriffe, um die es in den Sakramenten geht, ja die, wie wir gesehen haben, in die traditionelle Bestimmung der Sakramente eingegangen sind, *wie der Zentralbegriff der Gnade.* „Die Schere zwischen der Sprachnot des heutigen Beters und vielen zwar traditionsgesättigten, aber nur schwer verständlichen Orationen ‹liturgischen Gebeten> beispielsweise <geht> immer weiter auseinander. Viele innerhalb des Glaubenswissens bedeutsame theologische Begriffe – man denke an Gnade oder Erlösung – drohen von Lehrformeln zu Leerformeln zu werden oder sind es auch längst schon geworden."[3]

Schwierigkeiten mit dem Symbolverständnis

Die Sakramente sind *Wirkzeichen, wirksame Symbole, einer unsichtbaren Wirklichkeit.* Man soll in ihnen der Gnade Gottes, ja Gott selber heilvoll begegnen können. Wenn die Sakramente wirkende Zeichen, Symbole einer solchen *personalen Wirklichkeit* sind, dann muss der Empfänger eines Sakramentes auch ganzmenschlich, mit Kopf und Herz, verstehen können, was sie bezeichnen wollen, er muss ihren Zeichensinn zu entziffern vermögen. Dieses Vermögen scheint aber vielen Menschen unsrer Zeit verloren gegangen zu sein.

Was ist ein Symbol eigentlich? Es ist – ganz allgemein gesagt – *Zeichen für eine nicht unmittelbar wahrnehmbare Wirklichkeit.* Dabei kann man – und das ist gerade in unserem Zusammenhang wichtig – unterscheiden: Es gibt *informierende Zeichen oder Vertretungssymbole*, und es gibt *Realsymbole*, ja im eigentlichen Sinne *realisierende Symbole*.[4] Davon muss später noch weiter die Rede sein. (Vgl. auch Abb. S. 28)

Das *Vertretungssymbol* existiert unabhängig von der Sache, auf die es hinweist; es steht mit ihr nicht *in innerem Zusammenhang*. So ist es bei Verkehrszeichen (dem Schild „Achtung Bodenwelle"), so ist es bei Markenzeichen (dem Aufnäher „Krokodil"), so ist es auch bei Symbolen im Bereich der Naturwissenschaften, wo beispielsweise für das Element Eisen das chemische Zeichen oder Symbol Fe (von lateinisch Ferrum) steht.

Das *Realsymbol* hingegen hat einen inneren Sinnzusammenhang mit dem, was es bezeichnet. Das, worauf es hinweist, ist bzw. wird in ihm gegenwärtig, das Zeichen hat an der symbolisierten Wirklichkeit Anteil, es partizipiert an ihr. So versammeln sich beispielsweise unter dem Symbol der Olympischen Ringe die Nationen zum friedlichen sportlichen Wettstreit; ein Banner, eine Fahne bringt etwas vom Wesen einer Organisation oder einer Nation zum Ausdruck, ihm bzw. ihr gilt entsprechende Hochachtung, ja Respektbezeugung. Das „Rote Kreuz" als Zeichen möchte die Völkergemeinschaft des Helfens zur wirksamen Darstellung bringen, wenn dieser Anspruch auch beispielsweise von muslimischer Seite bestritten wird. Ja, durch das *realisierende Zeichen im engeren Sinne* wird sogar eine neue Wirklichkeit vollzogen bzw. „her-gestellt". So erhält im Rechtsbereich durch die geleistete Unterschrift, evtl. sogar durch Handschlag, ein Vertrag seine Gültigkeit. Im zwischenmenschlichen, personalen Bereich wird beispielsweise in Umarmung, Kuss, Händedruck, aber auch im Rauchen der Friedenspfeife bei den Indianern Versöhnung besiegelt. Im religiösen Bereich kommt im Realsymbol bzw. im realisierenden Symbol die heilbringende Begegnung mit dem Göttlich-Heiligen zum Ausdruck und wird zugleich vollzogen. Wie ist so etwas möglich?

Ganz allgemein gesagt, *verweisen viele Wirklichkeiten in der Welt des Menschen auf einen höheren oder tieferen, das vordergründig Wahrnehmbare übersteigenden (transzendenten) Sinnbereich*, ja dieser ist sogar in ihnen gegenwärtig.[5] So ist der menschliche Leib immer zugleich Ausdruck und Verwirklichung, Realsymbol des Menschen selbst und seiner ihm wesentlichen Beziehungen zu Gott und den Mitmenschen.

Gelegentlich möchte man auch heute noch den Begriff Symbol für das realisierende Zeichen reservieren. Man muss aber wissen, dass der Symbolbegriff von den modernen Natur- und Kommunikationswissenschaften in ganz anderer Weise, der des *präzise informierenden Kürzels* oder Signals nämlich, verwendet wird.

Auf dem Hintergrund dieser begrifflichen Unterscheidungen lässt sich begründeterweise sagen: Unsere Zeit ist überaus reich an informierenden Zeichen – dem Computerbenutzer nicht zuletzt oder dem im Internet Surfenden ist dies eine selbstverständliche Gegebenheit –; *viel ärmer ist unsere Zeit an realisierenden Zeichen, oder besser: an Verständnis für realisierende Zeichen*. Dieses Verständnis ist mit der stürmischen Entwicklung des naturwissenschaftlich-technischen Denkens und seiner industriellen Anwendung bei vielen Zeitgenossen verschwunden oder verschüttet.

Die Sakramente gehören nun eindeutig zu den realisierenden Zeichen. Sie nehmen für sich in Anspruch, dass das, was durch sie bezeichnet wird, in ihrem Vollzug zugleich seine Verwirklichung findet. Will man die Sakramente nicht als eher mechanische Werkzeuge, die auch gänzlich ohne den verstehenden Mitvollzug des Empfängers wirken, missdeuten, *so müsste auch ihre Symbolsprache mit- und nachvollziehbar sein*. Dass dies bei vielen Menschen nicht der Fall ist oder nur sehr mangelhaft, um diese Diagnose wird man wohl kaum herumkommen.

Woran das liegt – an Verkrustungen und Versteinerungen der sakramentalen Zeichen selbst bzw. der Liturgien, in die sie eingebettet sind, oder nur an dem unterentwickelten Sinn heutiger Menschen für überkommene Realsymbole, oder auch an mangelnder Erschließung dieser ehrwürdigen realisierenden Zeichen, oder an der nicht selten mangelnden „Kunst", sie überzeugend und lebendig ansprechend zu „inszenieren", das sei in anderem Zusammenhang erörtert.

Das magische Missverständnis der Sakramente

Manchen nachdenklichen Menschen unsrer Gegenwart kommen die Sakramente fragwürdig vor, weil sie nicht selten in einer Sinn verkürzenden Verkündigung wie auch in der praktischen Frömmigkeit der Gläubigen als eher *dingliche „Gnadenmittel"* verstanden wurden, manchmal bis heute verstanden werden. In der Tat war das Sakramentenrecht noch in dem von 1917–1983 gültigen kirchlichen Gesetzbuch dem Sachenrecht zugeordnet, erst im neuen Codex Iuris Canonici von 1983 gab man ihm einen anderen Ort, den Heiligungsdienst der Kirche.[6]

Ein solches Verständnis muss nicht nur bei evangelischen Mitglaubenden Anstoß erregen, für die der Mensch dadurch begnadet wird, dass er dem Anspruch des gnädigen Gottes *die Antwort des Glaubens* gibt, es muss darüber hinaus für viele in die *Nähe der Magie* rücken. Magie bedeutet in diesem Zusammenhang, dass man glaubt, die Gottheit oder das Göttliche (das Numinose) durch bestimmte Praktiken oder Rituale in den Griff zu kriegen, die Gottheit durch entsprechende Praktiken gleichsam zum Wohltun zwingen zu können, ohne sich selbst in eine solche Begegnung personal mit einzubringen. – Dagegen wird mit Recht eingewendet:

So verstandene Sakramente sind eindeutig ebenso einer personalen Gottesvorstellung wie eines personalen Menschenbildes unwürdig. Gott kann sich nur in souveräner Freiheit selbst schenken, was schon durch die Vorstellung einer Wirksamkeit der Sakramente „kraft ihres rechten Vollzugs" (*ex opere operato*) ausgeschlossen sei. Den Sakramenten würde so eine gleichsam mechanische Wirksamkeit nach Art eines nur richtig anzuwendenden Instrumentes bzw. Werkzeuges zugeschrieben.

Gnadenverdinglichung –
die Fremdheit des Gnadenbegriffs

Nahe bei dem magischen Missverständnis der Sakramente liegt eine andere Zugangsschwierigkeit: Soweit man sich unter Gnade, auf deren Geschenk alle Sakramente zielen, überhaupt etwas vorstellen kann, denkt man sie sich als *eine eher dingliche Wirklichkeit*, bestenfalls als ein Kraftquantum, das sich gewinnen, vermehren, aber auch wieder verlieren lässt.

Einer solchen Vorstellung haben bestimmte *Vorstellungskomplexe der katholischen Gnadenlehre* Vorschub geleistet, die einseitig betont wurden. Es war vor allem die Unterscheidung einer ungeschaffenen und einer geschaffenen Gnade, wobei in antireformatorischer Frontstellung gerade *die geschaffene Gnade* als typisch katholisches Vorstellungselement erscheinen musste. Die ungeschaffene Gnade wurde bestimmt als „Gott selbst, der sich in der beseligenden Gottesschau, in der Menschwerdung und in der Eingießung der heiligenden Gnade mitteilt", die geschaffene Gnade als „ein Geschenk, das von Gott unterschieden ist". Bei der geschaffenen Gnade wurde wiederum unterschieden eine äußere und eine innere Gnade, wobei die innere Gnade als „Geschenk" bezeichnet wurde, „das dem Wesen der Seele oder auch ihren geistigen Fähigkeiten eingestiftet ist", ihr als seinshafte neue Qualität zu Eigen wird.[7] Was ist diese „geschaffene Gnade" und was gewährt sie uns Menschen für unser Leben und Zusammenleben in dieser Welt? So mag mancher fragen.

Die Vielfalt der begrifflichen und sachlichen Unterscheidungen in der katholischen Tradition, die hier nur angedeutet wurde – man müsste etwa noch hinzufügen das Begriffspaar von heiligmachender und helfender Gnade –, verstärkt die Fremdheit des Gnadenbegriffs nur noch einmal. Was hat Gnade, und was haben die verschiedenen Kategorien von Gnade, die in den Sakramenten erlangt werden sollen, mit dem konkreten Leben und Zusammenleben der Menschen zu tun? Wie könnte sich das alles als hilfreich, als sinn- und richtunggebend, als tröstend und stärkend für uns heutige Menschen erweisen? Die *Fremdheit und Blassheit des Gnadenbegriffs* ist wohl eine der wichtigsten Zugangsschwierigkeiten zu den Sakramenten und ihrem Verständnis. Auch hier kommen zumindest zu einem guten Teil die Blockaden aus der oft recht abstrakten oder für uns Heutige abstrakt gewordenen theologischen Sprache der Tradition. Die Botschaft von der Gnade, vom Heil, das Gott uns Menschen gerade auch durch die Sakramente schenken will, bedarf dringend der *Übersetzung in eine personalere, die Existenz des Menschen in ihrem Beziehungsreichtum treffende Sprache*!

Die individualistische Verkürzung der Sakramente

Weiterhin dürfte ein auf den Einzelnen und sein Heilsschicksal eingeengtes Sakramentenverständnis dazu beigetragen haben, dass bei interessierten Nichtgläubigen, aber auch bei nicht wenigen Gläubigen das existentielle Interesse an den Sakramenten gar nicht aufkommt bzw. schwindet, dass die Sakramente auf Unverständnis stoßen, dass sie als für unser heutiges Lebensgefühl belanglos angesehen oder nur noch aus Gründen der Tradition und der gesellschaftlichen Konvention akzeptiert werden.

Man nimmt zu Recht wahr, *dass beim traditionellen Sakramentenverständnis die soziale Dimension weitgehend verloren gegangen ist*. In einer Zeit des weithin übergroßen Individualismus, in der viele Menschen einerseits nur sich und ihre Interessen kennen, zugleich aber eine große Palette zumindest vordergründiger Interessenbefriedigungen zur Verfügung haben, wächst andererseits die Sehnsucht nach *Hilfen zu glückender Gemeinschaft und einem Zusammen-*

leben in sozialer, aber auch ökologischer Verantwortung. Wenn auch die Sakramente nur dem Heilsegoismus dienen, dann dürften sie im Blick auf die eigentlichen Anforderungen unsrer Zeit und Zukunft wenig interessant sein. Es erscheint vielen Menschen heute zu Recht als unannehmbar, wenn man im Sinne des Mottos „Rette deine Seele" – es stand bis vor wenigen Jahren in manchen Kirchen auf so genannten Missionskreuzen als mahnende Erinnerung an die letzte „Volksmission" – nur an das eigene Wohl und Heil denkt.

Dass dieser *Heilsindividualismus* nicht nur ein verbreitetes Kennzeichen der Volksfrömmigkeit bzw. der diese prägenden Pastoral, sondern auch eine Tendenz lehramtlicher Aussagen seit dem Spätmittelalter war, darauf kann eine der in der Sakramentenlehre einflussreichsten Lehräußerungen des 15. Jahrhunderts aufmerksam machen. Sie stammt aus dem Armenierdekret des Konzils von Florenz, dem wir bei der Darstellung der Geschichte der Sakramentenlehre wieder begegnen werden. Es heißt dort: „Die ersten fünf dieser Sakramente sind zur eigenen geistigen Vervollkommnung eines jeden Menschen bestimmt, die letzten zwei zur Leitung und Mehrung der Gesamtkirche."[8] Für alle Sakramente außer den so genannten Standessakramenten (Weihe- und Ehesakrament) wird also hier die „eigene geistige Vervollkommnung" recht exklusiv als eigentliche Bestimmung erklärt.

Dabei wird es freilich einer im Geiste des Ursprungs erneuerten Sakramentenlehre nicht schwer fallen zu zeigen, dass es bei der Feier aller Sakramente um mehr geht als um ein isoliert verstandenes Seelenheil: *Es geht um den Einzelnen und die Gemeinschaft*, es geht um diese ganze Welt mit Einschluss der außermenschlichen Schöpfung und um das Jenseits zugleich. Berechtigte soziale Anliegen, wie sie etwa auch von einem ursprungsnahen, noch nicht verfälschten Marxismus vertreten wurden, könnten also gerade in einer erneuerten Sakramentenlehre gut aufgehoben sein.

Die Herleitung der Sakramente aus der Religionsgeschichte

Schließlich basieren weitere Einwände gegenüber den Sakramenten auf dem Vorwurf, sie seien im Grunde gar nicht biblischen, also genuin christlichen Ursprungs, sie seien vielmehr *unter dem Einfluss antiker Mysterienkulte* erst in der frühen Kirche entstanden. Unter Mysterienkulten bzw. Mysterienreligionen sind eine Reihe von Kulten und Religionen in Griechenland und im ganzen römischen Reich zu verstehen, die vom 7. Jahrhundert vor Christus bis in die Spätantike existiert haben. Die Bezeichnung kommt von dem griechischen Wort *mysterion* (lateinisch *mysterium*), das ursprünglich kultische Feiern bezeichnet. Charakteristisch ist für die untereinander sehr verschiedenartigen Mysterienkulte, *dass sich die „Eingeweihten", die Mysten, von der Teilnahme an dem im Kult dargestellten Schicksal einer Gottheit Wohlergehen und Erneuerung im irdischen Leben versprachen*, ein Heil, das oft im geistigen Aufstieg zu einem überweltlichen Lichtreich gesehen wurde.[9]

Von diesen Mysterienreligionen also kämen die Sakramente her. Sie gehörten damit nicht zum Kern der christlichen Botschaft. Diese sakramentenkritische Position, die sich auf religionsgeschichtliche Forschungen beruft, hatte um die Wende vom 19. zum 20. Jahrhundert einen besonders namhaften Vertreter in dem protestantischen Kirchenhistoriker *Adolf von Harnack* (1851–1930). Er attestierte der katholischen Kirche „eine beispiellose Konsumptionskraft, mit der sie eine Fülle von Ideen, Mysterien, Riten usw. in sich hineinzieht, eine ebenso beispiellose Assimilationskraft, mit der sie sie sich angleicht und dienstbar macht ..."[10].

In dieser Kritik liegt ein sicher ernst zu nehmender Einwand gegen die christlichen Sakramente, besonders in ihrem katholischen Verständnis, auf den im Laufe unserer weiteren Erörterungen noch einzugehen sein wird.

Zugangsschwierigkeiten zu den Sakramenten im Überblick

Stichworte	Kennzeichnung
Liturgische Sprachnot	Die Sprache der Liturgie und der Sakramente im Besonderen wird vielfach nicht mehr verstanden. Darum spürt man eine zunehmende Entfremdung zwischen dem sakramentalen Bereich und der Wirklichkeit des Lebens und Zusammenlebens.
Schwierigkeiten mit dem Symbolverständnis	Man versteht die Zeichensprache der Sakramente, ihre Worte und Gesten, schlecht oder gar nicht mehr.
Das magische Missverständnis der Sakramente	Man argwöhnt, bei den Sakramenten handele es sich um „Gnadenmittel", kraft deren der Mensch Gott mit magischen Praktiken ohne eigene Hingabe zum Wohltun zwingen möchte.
Gnadenverdinglichung – die Fremdheit des Gnadenbegriffs	Man kann mit dem Begriff Gnade nichts anfangen, weil er vor allem in der traditionellen Vorbetonung der „geschaffenen Gnade" unpersönlich und zugleich lebensfremd erscheint.
Die individualistische Verkürzung der Sakramente	Man denkt, in den Sakramenten gehe es nur um das Seelenheil des Einzelnen; es fehle die vielen heutigen Menschen wichtige soziale und kosmische Dimension.
Die Herleitung der Sakramente aus der Religionsgeschichte	Man nimmt an, nicht Jesus Christus sei der Stifter der Sakramente, sie hätten sich vielmehr erst unter dem Einfluss antiker Mysterienkulte in der frühen Kirche entwickelt.

2. Zugangschancen, speziell auch im Symbolverständnis

Wenn im vorausgehenden Abschnitt von Zugangsschwierigkeiten zum christlichen Sakramentenverständnis bzw. zu den Sakramenten selbst die Rede war, so sollen jetzt *Zugangschancen* in den Blick genommen werden, die sich gerade in unsrer Zeit eröffnen. Diese Überlegungen werden freilich hier überwiegend nur aus Hinweisen bestehen, weil bei der folgenden Skizze zur Geschichte der Sakramentenlehre wie bei ihrer theologischen und spirituellen Entfaltung ausführlicher auch auf Zugangsmöglichkeiten zu den Sakramenten einzugehen ist.

Beim Hinweis auf diese Zugangsmöglichkeiten sei die traditionelle theologische Definition der Sakramente sowie die Form, in der sie in den früheren Katechismus einging, zu Grunde gelegt: *Sakramente sind von Christus eingesetzte Zeichen, die innere Gnade bezeichnen und sie dem Empfänger, der dem kein Hindernis entgegensetzt, kraft ihres Vollzuges auch mitteilen.* Der älteren Generation wurde im Katechismus eingeprägt: „Zu jedem Sakrament gehören drei Stücke: 1. Das äußere Zeichen, 2. Die innere Gnade, 3. Die Einsetzung durch Jesus Christus."[11]

Es ist entsprechend zu fragen: Welche, möglicherweise neuen, Zugangsmöglichkeiten ergeben sich im Blick auf die sakramentalen Zeichen bzw. Zeichenhandlungen, auf das Verständnis dessen, was von den Sakramenten zu erwarten ist, die Gnade, auf die Herkunft der Sakramente von Christus, ihre ursprüngliche „Christlichkeit" also, und auf die Weise ihres Wirkens „kraft des Vollzugs"? Um die noch zu erläuternden Antworten kurz vorwegzunehmen: 1. Es gibt unverkennbare Anzeichen dafür, dass das Verständnis für Zeichen und Symbole bei den Zeitgenossen, gerade auch den jüngeren, wieder im Wachsen ist. Zugleich wird ihre Bedeutung auch in den heutigen Humanwissenschaften, in Philosophie, Psychologie und vor allem in den Gesellschaftswissenschaften, hoch veranschlagt. – Für die sakramentalen Zeichenhandlungen kommen zugleich vergessene oder vernachlässigte Dimensionen neu in den Blick und helfen, auch deren symbolischen Ausdruck neu zu verstehen, nämlich: Die Sakramente gehören als deren Kernbestandteile in den Zusammenhang der Liturgie und sind damit immer wesentlich gemeinschaftsbezogen. Sie stellen zugleich ein Begegnungs- oder Kommunikationsgeschehen zwischen Gott und Mensch unter Einbezug der Gemeinschaft dar, ein Begegnungsgeschehen, bei dem nicht nur der Sakramentenspender, sondern auch der Sakramentenempfänger eine unverzichtbar aktive Rolle spielt. – 2. Eine Neuauslegung der Begriffe Gnade und Heil wird zeigen, dass es dabei um das glückende Menschsein des Menschen in allen seinen Dimensionen geht. – 3. Es wird sich zeigen lassen, dass die Sakramente wirklich auf Jesu Absichten zurückgehen und von ihm her ihre Kraft und Wirksamkeit erhalten. – 4. Schließlich wird ein personales Verständnis der Wendung „kraft des Vollzugs" darin einen überzeugenden Hinweis auf Gottes Verlässlichkeit und Treue erblicken können, auf die sich menschliches Leben in der sakramentalen Gottbegegnung sicher zu gründen vermag.

Symbole im Aufwind

Es ist nicht zu leugnen, *dass die Menschen heute – gerade auch in der jüngeren Generation – in zunehmendem Maß Verständnis für Realsymbole bzw. für realisierende Zeichen entwickeln*: In Freundschaftsringen drückt sich anspruchsvolle Verbundenheit aus und findet ihre Besiegelung; T-Shirts und Frisuren symbolisieren die Zugehörigkeit zu einem eigenen Lebenskreis und gehen dabei über nur informierende Zeichen hinaus; eine bestimmte Motorradmarke

(Harley Davidson als „Kultmotorrad" beispielsweise) drückt ein bestimmtes Lebensgefühl bzw. einen (vielleicht nur erträumten) Lebensstil teilrealisierend aus. Leider finden bei einer Minderheit dabei auch Symbole der Gewalt, des (kompensierten) Überlegenheitsgefühls und der Ausgrenzung Resonanz. – Nicht wenige Menschen dürften ein neues Gefühl für die Ausdruckskraft körperlicher Zärtlichkeiten entwickeln, überhaupt ein *neues Gefühl für die symbolische Kraft und Bedeutung menschlicher Leiblichkeit*, durch die sich Begegnung wie Gemeinschaft ebenso ausdrückt wie verwirklicht. Zuwendung, Versöhnung, Ermutigung, Bejahung etwa geschehen in Zeichen und Gesten wie im Wort, oft in Wort und Gesten zugleich, oft aber auch in wortlosen Gesten. Es lässt sich mit dem Theologen Franz Josef Nocke sagen: Vielleicht als Gegenbewegung zu der immer noch um sich greifenden Überbetonung des Rationalen und des Zweckdenkens „gibt es heute, besonders bei jungen Menschen, eine neue Wertschätzung von Gesten und anderen Zeichen, in denen sich personale Akte ausdrücken und verwirklichen".[12] „Von hier aus könnte ein erneuertes Sakramentsverständnis gewonnen werden, in welchem die Sakramente nicht wie absonderliche, mit keinen anderen Erfahrungen vergleichbare Vorkommnisse einer religiösen Sonderwelt erscheinen, sondern als Handlungen, die tief im Wesen des Menschen angelegt sind."[13]

Auch religiöse Symbole sind möglicherweise neu im Kommen, allerdings in oft recht merkwürdigen Erscheinungsformen. So entdeckt der Theologe Arno Schilson beispielsweise in der Werbung und im Fernsehen, wie sehr hier immer wieder mit Sprach- und Bildsymbolen religiöser Wirklichkeiten – so Paradies, Licht, Reinheit – gearbeitet wird, weil sie offenbar auch beim heutigen Menschen ankommen bzw. tieferen Sehnsüchten entsprechen.[14] Zahlreiche Neuerscheinungen auf dem Büchermarkt können bezeugen, dass die Engel als Symbole eines geheimnisvollen göttlichen Weggeleits bzw. über menschliche Möglichkeiten

Religiöse Symbole im Kommen
Dass auch religiöse Symbole möglicherweise im (Wieder-) Kommen sind, darauf können beispielsweise entsprechende künstlerische Darstellungen verweisen. Dazu gehören wohl u. a. die ernst-heiteren Engelzeichnungen von Paul Klee (1879–1940): Der Engel als Symbol hintergründiger Sinnwirklichkeit bzw. als spielerische Infragestellung des nur Vordergründigen.

hinauswirkender Kräfte für nicht wenige Menschen neue Bedeutung erhalten, oder auch, dass Segensformeln und Segensgesten neu gefragt sind, dass man etwas davon hält.

Immer wieder kann man dem Versuch begegnen, das manchmal nur schlummernde Interesse an lebens- und zusammenlebensfördernden Symbolen neu zu wecken, die Welt der Symbole – und das ist im Grunde die ganze Welt – heutigem Verstehen näher zu bringen. Dieser Versuch findet – auch das kann der Buchmarkt bezeugen – große Resonanz. Dabei wird zu Recht darauf aufmerksam gemacht, dass auch die Sprache nicht nur informierenden Charakter hat, sondern reich an ausdrucksstarken und solcherart wirksamen Bildern und Symbolen sein kann. Darauf beruht die Kraft von Gedichten, überhaupt der Literatur. Die „Entfaltung der Symbolfähigkeit" ist beispielsweise das Anliegen des Religionspädagogen Otto Betz. Unter dem Titel „Des Lebens innere Stimme. Weisheit in Symbolen"[15] unternimmt er es, den menschlichen Leib, die Sinne, die vier Elemente, Zahlen, das Licht und die Farben, das Kreuzzeichen und einige Hauptmotive christlicher Kunst in ihrem Symbolgehalt zu entschlüsseln.

Anzumerken ist noch, dass auch Symbole aus anderen Religionen – vor allem aus Hinduismus und Buddhismus – gegenwärtig in der westlichen Welt Aufmerksamkeit finden, dass sie der Meditation dienen, und dies nicht nur in esoterischen Zirkeln. So das Mandala: Es ist ein symmetrisches Diagramm oder Schaubild aus konzentrischen Kreisen und Quadraten mit einem sakralen Zentrum, das – dem Hinduismus bzw. dem japanischen Buddhismus entstammend – bestimmte geistige bzw. kosmisch-göttliche Zusammenhänge versinnbildlichen und für den meditierenden Menschen heilend-aufbauend wirksam werden lassen soll.

Der Hinweis auf die Bedeutung, die Philosophie und Theologie dem Bereich des Symbolischen beimessen, kann kürzer ausfallen, weil davon noch in anderem Zusammenhang die Rede sein wird. Insbesondere seit dem Werk des

Beispiele verschiedenartiger Symbole, die für das heutige Bewusstsein Bedeutung haben
Vorgestellt werden in den Zeichnungen informierende Zeichen (nur informierende Symbole), sodann Zeichen, in denen sich über die Information hinaus Sinn und Bedeutung ausdrückt, vergegenwärtigt und so wirksam wird (Realsymbole als vergegenwärtigende Zeichen) und schließlich Realsymbole als unmittelbar realisierende Zeichen. Den letztgenannten Symbolformen sind die Sakramente zuzuordnen.

neukantianischen Philosophen Ernst Cassirer (1874–1945) „Philosophie der symbolischen Formen" hat das Symbol auch in der zeitgenössischen Philosophie immer wieder Beachtung gefunden. Symbole stellen danach einen eigenständigen Zugang zum Verstehen der Wirklichkeit dar und können gerade so zur Verwirklichung des Menschseins des

Menschen beitragen. In der Theologie hat vor allem Karl Rahner (1904–1984) darauf hingewiesen, dass sich der Mensch nicht als reiner Geist in der Ablösung von allem Materiellen, sinnlich Wahrnehmbaren, sondern im „Ursymbol" seines Leibes verwirklicht, einem Ursymbol, durch das er zugleich auf die Transzendenz, auf einen unbedingten Sinngrund verwiesen wird. Diese Einsicht wird immer wieder aufgenommen, so in jüngster Zeit von dem auch künstlerisch kompetenten Fundamentaltheologen Gerhard Larcher: „Der Leib ist ... Symbol der Freiheit des Menschen im konkreten Vollzug; er ist Präsenz von Sinn und Freiheit in einem, denn Freiheit ist nur, wenn und insofern sie sich ausdrückt (,sich symbolisiert') und in diesem Ausdruck (,Symbolum') für sich und für andere da ist ... Im Fleisch, in der Materie kann ein unbedingter Sinn erscheinen. Die prinzipielle Symbolfähigkeit alles Wirklichen wird hier am Beispiel ‚Leib' besonders nachdrücklich deutlich. Der Nächste in seiner Leiblichkeit kann uns als Symbol der Herkunft alles Menschlichen aus einem Unendlichen und des Verwiesenseins auf ein solches begegnen."[16]

Nehmen wir für die *humanwissenschaftliche Aufwertung des Symbols* noch ein Beispiel aus der Tiefenpsychologie (man könnte auch die Soziologie heranziehen): Die Lehren des Psychiaters *Carl Gustav Jung* (1875–1961) gewinnen, auch bei heutigen Theologen, aber nicht nur bei ihnen, neue Hochschätzung. C. G. Jung, der Begründer der Analytischen bzw. Komplexen Psychologie, ging davon aus, *dass im kollektiven Unbewussten der Menschen so genannte Archetypen als universale Grundmuster der psychischen Wahrnehmung eingelagert sind*, die gleichsam den Charakter von Ursymbolen haben.[17] Auf dieser Grundlage konzentriert sich Jungs Spätwerk „auf die psychologische Deutung religiöser Symbole, vor allem im Rahmen der jüdisch-christlichen Tradition. In der gegenwärtigen theologischen Diskussion wird ein Trend zur Jung-Rezeption in einigen Richtungen der feministischen Theologie (*C. Mulack*), der

Befreiungstheologie (*L. Boff*) sowie bei *E. Drewermann* erkennbar"[18].

Auch die Neuentdeckung der *liturgischen Dimension der Sakramente* könnte unter bestimmten Bedingungen Zugangswege zum Zeichensinn der Sakramente ebnen helfen. Sakramente sind nicht ein isoliertes Geschehen zwischen dem Sakramentenspender, der nach kirchlicher Lehre Gott bzw. Jesus Christus repräsentiert, und dem Sakramentenempfänger; ein isoliertes Geschehen, bei dem es nur darauf ankommt, dass das Zeichen, das sich in der Regel aus einer Symbolhandlung und der worthaften Spendeformel zusammensetzt, richtig vollzogen wird, und dass der Spender die entsprechende Vollmacht besitzt. Daran war die frühere Sakramententheologie und -unterweisung oft vorrangig interessiert.

Sakramente sind als Kernstücke der Liturgie einerseits *„Feier' der ganzen und aktuell versammelten Gemeinde"*[19], somit nicht nur Sache des je Einzelnen und seines Gottesverhältnisses, andererseits sind sie von vielfältigen gottesdienstlichen Wort- und Zeichenriten umgeben, besser, darin eingebettet, *Riten, die helfen können, den Sinn und die Bedeutung der Sakramente für Kopf und Herz zugleich aufzuschließen.* Manche dieser Riten bezeichnet man übrigens als *Sakramentalien*, wovon noch einmal eigens die Rede sein muss.

Für solches Feiern dürften auch heutige Menschen durchaus aufgeschlossen sein, ja nach ihm suchen. Man glaubt sogar feststellen zu können, dass viele Menschen, die dem Gottesdienst der Kirche entfremdet sind, ihren „Feierbedarf" anderswo stillen, beispielsweise in Autoren- bzw. Dichterlesungen. „Kürzlich deutete Klaus Harpprecht Dichterlesungen als die ‚Gottesdienste unserer Tage' ... ‚Unser Drang zur Feierstunde ist mächtig, und er will gestillt werden, so oder so', lautete seine Begründung für den Exodus aus den Gotteshäusern in die Säle und Buchhandlungen".[20] Eine solche Feststellung mag übertrieben sein, aber sie gibt doch einen deutlichen Fingerzeig darauf, dass eine gut und wirklich in Gemeinschaft gefeierte Liturgie tatsächlich neue Zugangsmöglichkeiten zum theologischen und existentiellen Verständnis der Sakramente und ihres Zeichensinns bieten kann.

Beredte Zeugnisse für den großen *„Feierbedarf"* gerade auch junger Menschen unsrer Zeit dürften übrigens jene musikalischen Groß-Events sein, bei denen Pop- und andere Stars ihre Anhängerschaft durch manchmal liturgieähnliche Show-Elemente – einschließlich entsprechender Lichtsymbolik – zu einer ekstatischen Feiergemeinschaft zusammenführen.

Nicht zuletzt könnte für einen besseren Zugang zu den Sakramenten und ihrem Zeichensinn die Einsicht sorgen, *dass es sich bei allen Sakramenten um ein personales Begegnungs- oder auch Kommunikationsgeschehen handelt*, nicht lediglich um einen Mechanismus der Gewinnung, Vermehrung oder Rückgewinnung einer unpersönlich verstandenen Gnade. In den Sakramenten darf der Mensch als Glied der Gemeinde der Glaubenden und nach dem Glauben Suchenden dem lebendigen, barmherzigen und verstehenden Gott begegnen, sich Gottes belebendem, Liebe schenkendem, schöpferisch erneuerndem Handeln öffnen, sich Gott mit seiner ganzen (Miss-)Befindlichkeit entgegenbringen, so Gottes Antwort empfangen, wie er in den Sakramenten zuvor schon von Gott eingeladen ist und angesprochen wird. Auf diese Weise darf sich der Einzelne zugleich je auf neue Weise mit der feiernden Gemeinde verbunden sehen.

Gnade: konkretes Heil aus der Zuwendung Gottes

Mit dem zuvor Gesagten ist auch bereits der Hinweis gegeben, dass es sich bei dem Begriff, der Chiffre Gnade nicht um eine unpersönliche, dem Menschen ohne Rücksicht auf seine Eigenart, Befindlichkeit und sein Beziehungsnetz übergestülpte „Sache" handelt, um etwas ihm letztlich Fremdes, sondern um *Gottes gütige kreative Zuwendung zum Menschen, der sich mit seinem Namen gerufen, also in seinem innersten Wesen erkannt und angenommen wissen darf: „Fürchte dich nicht, denn ich habe dich ausgelöst, ich habe dich beim Namen gerufen, du gehörst mir"* (Jes 43,1).

Gott selber teilt sich in der Gnade mit, was nun tatsächlich für den Menschen neue Möglichkeiten, ja ein neues *Sein*, ein neues „Ganzsein", bedeutet. In diesem Sinne ist auch die Rede von der „geschaffenen Gnade" zu deuten. *Sein* darf hier allerdings nicht nach Art der außermenschlichen Dinge verstanden werden. Ein neues Sein im Sinne einer personalen Seinslehre (Ontologie) meint nichts Sachhaft-Dingliches. *Es kommt dem Menschen gerade durch lebendige Beziehungen zu*, etwa in der Erfahrung: „Ich bin vom anderen angenommen", „Ich darf den anderen annehmen", „Ich habe die Verheißung, dass mich der andere nicht im Stich lässt, dass er auch in der Not mir beisteht und ich ihm beistehen darf, dass er mit mir geht und ich mit ihm gehen darf". Der alttestamentliche Gottesname Jahwe bedeutet gerade dies: „Ich bin bei dir", „Ich gehe mit dir auf deinem Weg".

Das schon im zwischenmenschlichen Bereich glauben zu dürfen, gibt neue Kraft und neue Möglichkeiten, ja ein neues Sein als *„Sein in Beziehung"*, als *„Ganz-Werden in Beziehung"*. Und von dieser Art ist die Gnade, ist das Heil, das wir Menschen auf die Verheißung Gottes hin und durch seine Zuwendung von den Sakramenten erwarten dürfen. Das Verständnis dafür kann neue Zugangschancen zu den Sakramenten auch für den heutigen Menschen eröffnen, dessen geheime oder offene Sehnsucht sich so oft auf geglückte, lebenspendende Beziehungen richtet.

Die Sakramente: in Jesus Christus verwurzelt

Ein Einwand gegen die „Christlichkeit" der Sakramente, so zeigte sich, liegt in ihrer religionsgeschichtlichen Herleitung. Hier sind, wie noch näher darzulegen sein wird, Erkenntnisse der Bibelwissenschaften wie überhaupt *ein neues Verständnis für die geschichtliche Entwicklung der Sakramente* hilfreich.

Früher stellte man sich vor, Jesus Christus müsse alle sieben Sakramente in einem eigenen Einsetzungsakt gestiftet haben. Das lässt sich nun in der Tat nicht nachweisen, ja, es ist sogar recht unwahrscheinlich. Aber deutliche Hinweise auf „heilsmächtige Zeichen" bietet bereits die Bibel des Alten Testaments[21], und der neutestamentliche Befund lässt ebenso deutlich erkennen, dass Jesus Christus solche wirksamen Zeichen keineswegs fremd waren, dass sie vielmehr ins Zentrum seines Wirkens gehörten, auch wenn sich so etwas wie direkte Stiftungsakte höchstens bei Taufe und Eucharistie ausmachen lassen. *Sachliche Ansatzpunkte bei Jesus Christus selber hingegen lassen sich für die meisten Sakramente durchaus sichtbar machen*, zumindest finden sie sich indirekt im Kontext neutestamentlicher Schriften außerhalb der Evangelien.

Wenn sich herausstellt, dass antike Mysterienkulte und überdies griechisches philosophisches Mysteriendenken die Ausgestaltung des Sakramentenbegriffs mitbeeinflusst haben, so bedeutet dies keineswegs, dass biblische Grundintentionen verfälscht worden wären. Vielmehr nimmt das biblische Sakramentsverständnis außerbiblische Denkformen auf und stellt sie *in den Dienst der Entfaltung der biblischen Ansätze.*

Zugleich wurde so die biblische Botschaft vielen Zeitgenossen, die in der Welt der Mysterienkulte bzw. im philosophischen Mysteriendenken zu Hause oder doch dafür ansprechbar waren, auf neue Weise zugänglich gemacht. Dieser Vorgang einer grundlegenden Inkulturation christlichen Sakramentenverständnisses könnte – weit davon entfernt, als Einwand gegen die Sakramente gelten zu müssen – auch heute neue Spielräume einer entsprechenden Inkulturation eröffnen.

Die Sakramente: wirksam aus Gottes Verheißung

Schließlich sollte sich zeigen lassen, dass auch die Vorstellung einer Wirksamkeit der Sakramente „kraft ihres Vollzugs" aus einem Einwand zu einer neuen Zugangschance werden kann, wenn man nur das Gemeinte im Lichte eines personalen Denkens richtig versteht und auslegt.

Zunächst noch einmal zur Erinnerung: Die Formel *„Ex opere operato"* (die Sakramente wirken *„kraft der vollzogenen ‚sakramentalen' Handlung"*, *„kraft ihres Vollzugs"*), die im Sinne einer gleichsam magischen Beeinflussung Gottes missverstanden werden könnte, will im Gegenteil die Souveränität und Bundestreue Gottes betonen: Die Sakramente wirken die Gnade im Empfänger kraft der recht vollzogenen sakramentalen Handlung *aus Gottes Kraft und Ermächtigung*. Die Gnade, die das Sakrament schenkt, hängt nicht in erster Linie von der Glaubenskraft oder der sittlichen Heiligkeit des Empfängers ab.

Diese durchaus tröstliche Botschaft, die biblisch begründet ist, muss aber in neue Zusammenhänge gestellt, in anderen Begriffen ausgedrückt werden. Es ist schon einmal darauf hingewiesen worden, dass die traditionelle Sakramentenlehre in eine weitreichende „Empfängervergessenheit" geraten ist. In der Definition der Sakramente kommt jedenfalls der Empfänger höchstens ganz am Rande vor: Er darf der Gnade, die in ihm gewirkt wird, kein Hindernis in den Weg stellen.

Heute gilt es, das, was die Sakramente wollen und wirken, eher *empfängerzentriert* darzustellen: Wie Gott in Jesus

Christus „um unsres Heiles willen" Mensch geworden ist, so hat er die Sakramente auch *um unsres Heiles willen* gestiftet. Dabei ist freilich zu bedenken, dass auch das zweckfreie Lob Gottes in der Gemeinschaft der Glaubenden wesentlich zu *unsrem Heile* gehört.

Was mit der Formel „kraft des Vollzugs" gemeint ist, lässt sich mit der Kategorie der Verheißung zutreffend beschreiben. *Die Sakramente sind untrügliche Verheißungen der heilvollen Zuwendung Gottes in den grundlegenden menschlichen Lebenssituationen.* Er verheißt uns sein hilfreiches Nahesein und Mitgehen, wenn wir darauf im Glauben eingehen, uns dafür öffnen, dem ansprechenden Wort Gottes antworten, so fragmentarisch diese Antwort auch sein mag. Gott lässt sich in den Sakramenten finden. Er nimmt uns und unsere Situationen an, und schon diese Annahme hat wandelnden Charakter. Darauf darf sich der Sakramentenempfänger verlassen. In diesem Sinne wirken die Sakramente untrüglich, kraft ihres Vollzugs. Aber der Vollzug ist der Vollzug einer Zeichenhandlung: Das, was bezeichnet wird, ist letztlich in jedem Sakrament die Begegnung zwischen Gott und Mensch. Und gerade dazu sind die Empfänger der Sakramente ebenso ermutigt wie aufgerufen: zum Glauben nämlich.

Ein unverfängliches Zeugnis für die Sakramente

Ob man *Goethe* (1749–1832) als Christen bezeichnen kann, ob er sich selbst so verstanden hat, mag dahingestellt bleiben.[22] Doch verdanken wir seiner Beobachtungsgabe und seiner Einfühlungskraft ein Zeugnis für die Sakramente, das auch für ihre heutige Erschließung hilfreich ist, weil es die allgemeinmenschliche Aussagekraft sakramentaler Symbole eindrucksvoll ins Licht setzt. In „Dichtung und Wahrheit" kommt Goethe im Rahmen einer Rückschau auf seine eigene religiöse Entwicklung auch auf die Sakramente zu sprechen. Von diesem Text soll hier der erste Teil wiedergegeben werden:

> „Fehlt es dem protestantischen Kultus im Ganzen an Fülle, so untersuche man das einzelne, und man wird finden, der Protestant hat zu wenig Sakramente, ja er hat nur eins, bei dem er sich tätig erweist, das Abendmahl: denn die Taufe sieht er nur an andern vollbringen und es wird ihm nicht wohl dabei. Die Sakramente sind das Höchste der Religion, das sinnliche Symbol einer außerordentlichen göttlichen Gunst und Gnade. In dem Abendmahle sollen die irdischen Lippen ein göttliches Wesen verkörpert empfangen und unter der Form irdischer Nahrung einer himmlischen teilhaftig werden. Dieser Sinn ist in allen christlichen Kirchen ebenderselbe, es werde nun das Sakrament mit mehr oder weniger Ergebung in das Geheimnis, mit mehr oder weniger Akkomodation an das, was verständlich ist, genossen; immer bleibt es eine heilige große Handlung, welche sich in der Wirklichkeit an die Stelle des Möglichen oder Unmöglichen, an die Stelle desjenigen setzt, was der Mensch weder erlangen noch entbehren kann. Ein solches Sakrament dürfte aber nicht allein stehen; kein Christ kann es mit wahrer Freude, wozu es gegeben ist, genießen, wenn nicht der symbolische oder sakramentalische Sinn in ihm genährt ist. Er muss gewohnt sein, die innere Religion des Herzens und die der äußeren Kirche, als vollkommen eins anzusehen, als das große allgemeine Sakrament, das sich wieder in so viel andere zergliedert und diesen Teilen seine Heiligkeit, Unzerstörlichkeit und Ewigkeit mitteilt."[23]

Nach dieser Feststellung würdigt Goethe in besonderer Weise die sieben Sakramente der katholischen Kirche, und zwar in ihrer Beziehung auf die grundlegenden Situationen des menschlichen Lebens von der Geburt bis zum Tode. Die Sakramente als göttliche Nähe- und Beistandsverheißung an den Knotenpunkten des menschlichen Daseins, *als lebensbezogene „sinnliche Symbole einer außerordentlichen göttlichen Gunst"*: Dieser Gedanke erweist sich auch in der heutigen Theologie als Zugangsweg zu einem neuen Verständnis der Sakramente – das ist noch weiter zu zeigen.

Neue Zugangschancen zu den Sakramenten im Überblick

Sakramentale „Essentials"	Neue Zugangschancen
Symbolcharakter	Das Verständnis für realisierende Symbole ist im Wachsen, ihre Bedeutung für Menschsein und menschliche Gemeinschaft wird auch von den Humanwissenschaften gewürdigt. Ein Sakramentenverständnis, das den Symbol-, Begegnungs- und Gemeinschaftscharakter betont, kann entsprechend neue Resonanz finden.
Ursprüngliche Christlichkeit	Man darf von der Gewissheit ausgehen, dass die Sakramente in den Absichten und dem Heilswirken Jesu Christi ihren Grund haben. Sie sind keine fremden Importe.
Gnadenwirkung	Wenn sich die Gnadenwirkung der Sakramente als personale Gottbegegnung erschließen lässt, die zugleich Gemeinschaft stiftet und das Heil, die Heilung des ganzen Menschen anzielt – dies schon in dieser Welt und Geschichte –, so kann darin die Heilssehnsucht gerade auch des heutigen Menschen Erfüllung finden.
Wirkweise	Die Sakramente wirken nicht wie mechanische Werkzeuge, sondern aufgrund der Verheißungstreue Gottes. So können sie dem Glaubenden zur verlässlich-heilbringenden Gottbegegnung werden. Das entspricht auch heutiger menschlicher Heilssehnsucht.

3. Der geschichtliche Weg kirchlichen Sakramentenverständnisses

Biblische Ursprünge

Wenn man nach den biblischen Grundlagen der kirchlichen Sakramentenlehre fragt, so wird man zwei Frageaspekte unterscheiden müssen. Zum einen die Frage: Kommen die heilswirksamen Symbolhandlungen, die die Kirche als Sakramente bezeichnet, in der Bibel vor, *haben sie zumindest eine neutestamentliche Grundlage*? Die Antwort auf diese Frage kann nur „Ja" lauten. Zum andern die Frage: *Begegnet uns der Begriff Sakrament bzw. dessen griechisches Äquivalent „mysterion" in der Bibel*? Hier ist die Antwort zu differenzieren: Der Begriff *mysterion*, der in einigen altlateinischen Bibelübersetzungen mit *sacramentum* wiedergegeben wird, spielt im späten Alten Testament und im Neuen Testament eine bedeutsame Rolle. Aber er wird nicht als Allgemeinbegriff für jene sieben Symbolhandlungen verwendet, die die römisch-katholische Kirche und die Ostkirchen später ausschließlich als Sakramente bezeichnen.

Sachhinweise auf die Sakramente in der Heiligen Schrift

Bereits das Alte Testament kennt „heilsmächtige Zeichen". Naturgegebenheiten wie Bäume und Quellen, aber auch Orte und Zeitgliederungen können für das alttestamentliche Bundesvolk auf Gottes transzendente Wirklichkeit hinweisen und sie heilvoll vergegenwärtigen. Die alttestamentlichen Glaubenszeugnisse enthalten „viele Versuche gläubiger Menschen, das immanente Wirken ... <des> transzendenten Gottes zu beschreiben, die Spuren seiner Gegenwart zu markieren, die Erfahrungen seines Weltwirkens mitzuteilen, um auf Dauer an seinem Heilswirken teilzuhaben"[24].

An diesen als heilsmächtig geglaubten Zeichen des Alten Testaments, zu denen ebenso *prophetische Zeichenhandlungen* zu zählen sind (vgl. z. B. 1 Kön 19,19–21; 2 Kön 4,41f),[25] lässt sich ablesen, dass man auch die eigens so genannten Sakramente nicht zu isoliert und exklusiv verstehen darf, dass sie vielmehr sozusagen *Sonderfälle sinnenhafter Wirklichkeit aus Natur und geschichtlichem menschlichen Dasein* darstellen, *die in den Dienst des Hinweises auf Gottes unfassbare Wirklichkeit und ihrer heilvollen Vergegenwärtigung treten können.*

Zumindest die Liturgie der Sakramente könnte sich so durch die alttestamentlichen Heilszeichen anregen und zugleich zur Entwicklung bzw. Aufnahme neuer die Menschen ansprechender Symbolhandlungen inspirieren lassen. Das Alte Testament enthält auch in dieser Hinsicht „Schätze, die noch kaum gehoben, geschweige denn für die Systematik einer christlichen Sakramentenlehre fruchtbar gemacht sind. Sie enthalten reiche Anregung auch für unsre gottesdienstliche Praxis und bibelkatechetische Vermittlung. Sie ermutigen uns schließlich zu einer sinnenfreudigen Verkündigung, die mit Zeichen und Bild die Heilsmächtigkeit unsres Gottes in Szene setzt"[26].

Neben den heilswirksamen Zeichenhandlungen, die erst vom Mittelalter an exklusiv als Sakramente bezeichnet werden, enthält auch das Neue Testament eine ganze Reihe von weiteren, *sicher auch heilsmächtigen zeichenhaften Gesten.* Zu denken ist vor allem an die symbolischen Handlungen, mit denen Jesus beispielsweise seine Heilungen begleitete – so die Heilung eines Taubstummen Mk 7,33 (Jesus „legte ihm die Finger in die Ohren und berührte dann die Zunge des Mannes mit Speichel"); oder die eines Blinden Joh 9,6, oder auch an die Fußwaschung Joh 13,1–20, die noch in den frühchristlichen Jahrhunderten zusammen mit anderen neutestamentlichen Symbolhandlungen (z. B. Segnungen) unter

Fußwaschung
Die Darstellung der Fußwaschung aus dem Evangeliar Ottos III. vom Ende des 10. Jahrhunderts ist ein frühes Beispiel dafür, wie dieses symbolische Handeln Jesu immer wieder Kunst und Künstler inspiriert hat. Nach dem Johannesevangelium bezeichnet und bewirkt (vgl. Joh 13,8) diese Zeichenhandlung Jesu heilvolle Gemeinschaft mit ihm als dem demütig dienenden Herrn.

die Sakramente gerechnet wurde, heute aber zu den Sakramentalien zählt (vgl. S. 98–103).

Solche Zeichen- und Symbolhandlungen *liegen also durchaus in der Absicht Jesu*, der sein Wirken und seine Verkündigung, speziell auch seine Wundertaten, als *wirksam* erfülltes Zeichen der in ihm ankommenden Gottesherrschaft sieht (vgl. Mt 11,4–6): Alles, was in Jesu Auftreten zu hören und zu sehen ist, ist nicht nur *Zeichen* einer neuen Wirklichkeit, diese Wirklichkeit endzeitlich-endgültigen Heiles *beginnt* darin schon selber. Das zeigt sich nicht zuletzt daran, dass er seine Jünger zu symbolischem Handeln ermächtigt (vgl. Mk 6,13; 16,17f).

Eingebettet in das Zeichenwirken Jesu sind *jene Symbolhandlungen, die dann später als die sieben Sakramente unter diesem Begriff zusammengefasst werden*. Wenn sie auch nicht ausdrücklich alle auf Jesus zurückgeführt sind, oder gar für alle ein eigener Einsetzungs- oder Stiftungsakt berichtet wird, so kommen sie doch ansatzweise, der Sache nach, alle in den neutestamentlichen Schriften vor.

Von einer eigentlichen Einsetzung oder Stiftung durch Jesus kann man am ehesten bei der *Eucharistie* sprechen, wenn auch der ausdrückliche Wiederholungsauftrag gemäß heutiger exegetischer Einsicht wohl erst nach Ostern formuliert wurde: *Den Jüngern leuchtete offenbar unmittelbar ein, dass sie die Mahlgemeinschaft mit Jesus über seinen Tod und seine Auferstehung hinaus fortsetzen sollten.* Obwohl auch bei Taufe und Bußsakrament in den Evangelien eine besondere Einsetzung berichtet zu werden scheint (Mt 28,19; Joh 20,23), so muss man dabei doch beachten, dass es sich hier um Worte des Auferstandenen, und nicht um Worte des irdischen, „vorösterlichen" Jesus handelt.

Gleichwohl haben alle sieben Sakramente, wie schon gesagt, *konkrete Ansatzpunkte im Symbolhandeln Jesu*. Dass sich Jesus der Johannestaufe unterzog, kann verstanden werden als Wegweisung, welche die Urkirche unter der Leitung des ihr verheißenen Heiligen Geistes die *Taufe* als sakramentalen Grundvollzug verbindlich einführen ließ.

Außer dem Letzten *Abendmahl* Jesu konnten auch die vielen Mähler, die Jesus zuvor mit seinen Freunden, aber auch mit „Zöllnern und Sündern" hielt, auf seine Absicht verweisen, im Mahl mit den Seinen heilvoll in Verbindung zu bleiben.

Das *Bußsakrament* hat außer in den ausdrücklichen Vergebungsworten des Herrn (vgl. Mk 2,5) gerade in den genannten Sündermählern Jesu einen Ansatzpunkt: Jesus schenkt Menschen Gottes Vergebung, indem er sie in seine Gemeinschaft zieht, übrigens eines der deutlichsten Anzeichen für den einzigartig-göttlichen Anspruch Jesu.

Für die *Firmung* wäre auf die Äußerungen Jesu zu verweisen, die sein besonderes Verhältnis zum Gottesgeist und seine Absicht, mit dem Vater zusammen den Geist zu senden, zum Ausdruck bringen. Bei der Taufe Jesu selber wird die Herabkunft des Heiligen Geistes wiederum zeichenhaft-sakramental vorgestellt: „Und als er aus dem Wasser stieg, sah er, dass der Himmel sich öffnete und der Geist wie eine Taube auf ihn herabkam. Und eine Stimme aus dem Himmel sprach: Du bist mein geliebter Sohn, an dir habe ich Gefallen gefunden" (Mk 1,10 f). Auch hier begegnen wir der *Verbindung von sichtbarem Zeichen und Wort, die für alle Sakramente kennzeichnend ist.*

Die *Krankensalbung* hat ihre Wurzeln in Jesu Heilen, das manchmal von symbolischen Gesten begleitet ist, und in der Aussendung der Jünger zum Verkündigen und Heilen, wobei das Heilen im Zeichen einer Ölsalbung geschieht.

An historischen Ansatzpunkten festmachen lassen sich schließlich das *Weihe- und das Ehesakrament:* Jesus ruft beispielsweise die Zwölf aus den anderen Jüngern heraus und bevollmächtigt und sendet sie (vgl. Mk 6,6b–13). Er bekundet sein tiefgehendes Interesse für die eheliche Verbindung nicht nur durch seine Teilnahme an Hochzeitsfeiern, sondern auch durch seine Verkündigung, in der er die Ehe in den Horizont der andrängenden Gottesherrschaft stellt (vgl. Mt 19,3–12), also ihr Gnade und Heil verheißt.

Wenn zur späteren Definition der Sakramente ihre „Einsetzung durch Jesus Christus" gehört, so hat diese Aussage also insofern ihre Berechtigung, *als alle Sakramente auf Jesu Leben und Wirken, damit auf seine Richtungsweisung, zurückgehen*, auch wenn sich nicht in jedem Fall ein eigener Stiftungsakt exegetisch nachweisen lässt, bzw. ein solcher sogar unwahrscheinlich ist. Für die gesamte weitere Theologiegeschichte bleibt es übrigens klar, dass die Sakramente von Jesus Christus herkommen müssen: Wirksame Zeichen der Gnade und des Heiles können nicht von Menschen geschaffen werden, Gott allein kann souverän über die Gnade, und das heißt: über seine Selbstmitteilung, verfügen.[27]

Biblische Wurzeln des Sakramentsbegriffs

Es wurde schon darauf hingewiesen: Das griechische Äquivalent für das lateinische Wort *sacramentum*, nämlich *mysterion*, wird in der Bibel nicht auf die späteren sieben Sakramente angewendet. Trotzdem ist zu sagen, *dass der biblische Mysterion-Begriff*, der seinerseits von antiken Mysterienkulten und philosophischem Mysteriendenken beeinflusst ist, *für das Verständnis des späteren Sakramentsbegriffs Bedeutung hat*.

Näherhin wird der Begriff *mysterion* seit dem zweiten bzw. dritten Jahrhundert in der afrikanischen und in den als *Itala* bezeichneten altlateinischen Versionen der Bibel mit *sacramentum* übersetzt. Dagegen wird in der *Vulgata*, der auf den Kirchenlehrer *Hieronymus* (um 347–419 oder 420) zurückgehenden lateinischen Bibelübersetzung, die später als authentisch erklärt wurde, *mysterion* im Allgemeinen mit dem lateinischen Lehnwort *mysterium* wiedergegeben.

Vergegenwärtigen wir uns noch einmal etwas genauer die Grundzüge des antiken Mysterienwesens bzw. Mysteriendenkens: Die *Mysterienkulte,* die meist in Fruchtbarkeitskulten wurzeln und deren Gottheiten „Personifizierungen des Naturlebens"[28] darstellen, haben u. a. folgende Gemeinsamkeiten: „Sie vollzogen sich als Feiern, in denen die Geschicke einer Gottheit oder eines göttlichen Paares durch rituelle Begehungen im Kreis bereits Eingeweihter vergegenwärtigt werden sollten. Diese Feiern vermittelten das Miterleben eines göttlichen Dramas, um eine Teilhabe daran zu ermöglichen."[29] Diese Teilhabe sollte den Eingeweihten, den Mysten, Heil (*Soteria*) bringen: Entsühnung, neue Lebenskräfte, gegebenenfalls auch – so im Mithras-Kult – die Befähigung zu einem Leben in sittlicher Reinheit. Bei den Ritualen der Mysterienkulte handelte es sich *zumindest auch* um ein symbolisches, ein zeichenhaftes Geschehen mit Vergegenwärtigungscharakter, von dem man sich die Teilhabe am Heil erwartete.

Ein gedanklicher Hintergrund für den biblischen Mysterien- bzw. den späteren Sakramentsbegriff ist sodann *das philosophische Mysteriendenken der Antike.* Der Aufstieg des Menschen bzw. der menschlichen Seele aus den Schatten der materiellen Welt, die bloßen Verweischarakter hat, *zur wahren Wirklichkeit der Ideenwelt* geschieht bei Platon (427–347 v. Chr.) und im Platonismus durch einen Weg der Erkenntnis, welcher der Mysterieninitiation gleicht. Es gilt, sich durch die sichtbaren, zeitlichen Dinge, die nur Schatten, Symbole des Unsichtbaren sind, zur Anschauung der ewigen, überzeitlichen Mysterien, der Welt der Ideen, über allem der Idee des Guten, zu erheben und *erkennend daran Anteil zu gewinnen*.

Vor allem *Augustinus* (354–430) hat dieses philosophische Mysteriendenken in die Theologie eingeführt und dem Verständnis der Sakramente dienstbar gemacht: Die Sakramente sind als Symbole wirksame Wegzeichen zu der ewigen Welt der Ideen im Geiste Gottes, denen nicht zu folgen Sünde bedeutet.

In der Bibel ist *ein gewisser Einfluss sowohl der kultischen*

Mysterienpraxis wie auch des philosophischen Mysteriendenkens nicht zu übersehen. Wenn Paulus in seiner Tauftheologie das Taufgeschehen als ein Mitsterben, Mitbegrabenwerden und Mitauferstehen mit Christus erklärt (vgl. Röm 6,4), so ist eine nicht nur sprachliche, sondern auch inhaltliche Nähe zu den antiken Mysterienvorstellungen kaum zu leugnen, auch wenn das keine direkte Abhängigkeit bedeuten muss. Was das philosophische Mysteriendenken angeht, so ist im Alten wie im Neuen Testament der Mysterienbegriff im Gegensatz zur entsprechenden philosophischen Gedankenwelt geschichtlich orientiert: Es geht nicht um einen *Aus- und Aufstieg aus der Geschichte,* sondern *mysterion* meint den geschichtlich offenbarten Schöpfungs- und Heilsplan Gottes bzw. die verhüllte Ankündigung des eschatologischen, endzeitlichen, die Geschichte beendenden Handelns Gottes (vgl. Weish 2,21f; Dan 2,27f). – Im Neuen Testament ist dann *mysterion* bei Paulus und in den deuteropaulinischen Schriften *wiederum entschieden auf Gottes geschichtliches und zugleich eschatologisches Heilshandeln in Christus und der Kirche orientiert*:

„Ihr sollt wissen, was für einen schweren Kampf ich für euch und für die Gläubigen in Laodizea zu bestehen habe, auch für alle anderen, die mich persönlich nie gesehen haben. Dadurch sollen sie getröstet werden; sie sollen in Liebe zusammenhalten, um die tiefe und reiche Einsicht zu erlangen und das göttliche Geheimnis (*mysterion/sacramentum*) zu erkennen, das Christus ist. In ihm sind alle Schätze der Weisheit und Erkenntnis verborgen" (Kol 2,1–3).

Einsicht und Erkenntnis werden nach diesem Schlüsseltext nicht durch die geistige Anschauung ewig gültiger Ideen gewonnen, sondern *im Blick auf ein geschichtliches, personales Heilsereignis: Jesus Christus, der das eigentliche Sakrament Gottes ist.* Und sie werden auch nicht im Aufstieg der geistigen Seele zur Welt der reinen Ideen gewonnen, sondern in der Gemeinschaft der Glaubenden, in ihrem Zusammenhalt in wechselseitiger Liebe: „Sie sollen in Liebe zusammenhalten, um die tiefe und reiche Einsicht zu erlangen." Das hier Gesagte wird im Epheserbrief noch einmal bestärkt und um eine Dimension erweitert; es wird zugleich mit einem der sieben Sakramente, dem Ehesakrament, in Verbindung gebracht: Die Verbindung von Mann und Frau in der Ehe hat sehr eng mit der *Verbindung von Christus und Kirche zu tun, die ausdrücklich als Mysterium bzw. Sakrament bezeichnet wird*. „Dies ist ein tiefes Geheimnis (*mysterion/sacramentum*); ich beziehe es auf Christus und die Kirche" (Eph 5,21–32; hier 5,32).

Biblische Leitlinien für die kirchliche Sakramentenlehre

Wenn man das über die biblischen Wurzeln des Sakramentsbegriffs und das zuvor über das biblische Vorkommen von Sakramenten der Sache nach Gesagte zusammen denkt, so wird man einige markante Leitmotive für jede spätere Sakramentenlehre formulieren können, wobei einzelne dieser Leitmotive möglicherweise durch Jahrhunderte hindurch zu kurz gekommen sind. Zusammengefasst: Sakramente *gehören in einen christologischen, ekklesiologischen und damit kommunitären Zusammenhang, sie verweisen als wirksame Symbolhandlungen* nicht nur auf ein geschichtsjenseitiges Seelenheil, sondern *auch auf „diesseitiges" Heil für Leib und Seele*.

Das heißt: *Das Sakramentenverständnis hat sich einerseits am Zeichenwirken des irdischen Jesus zu orientieren*, das Leib und Seele des Menschen betrifft, ganzmenschliches Heil auch schon in dieser raumzeitlichen Welt schenken will. Es hat zugleich Maß zu nehmen am geschichtsgerichteten Heilswillen Gottes, am Mysterium seiner Heilsgeschichte, das in Jesus Christus zum einmaligen, geschichtsbestimmenden Ereignis wird und zugleich *durch die Kirche je neu bis zur Vollendung der Geschichte geschichtliche Gegenwart gewinnt*.

Ein rechtes Sakramentenverständnis hat damit eine kommuniale, eine gemeinschaftsbezogene, Dimension. Die Sakramente haben nach dem Heilswillen Gottes mit der Gemeinschaft der Glaubenden zu tun, die ebenso zu ihrem Quellgrund gehört wie sie durch die Sakramente mitbegründet und gefördert wird.

Dabei ist zugleich zu bedenken, dass Symbole ohnehin nur im gemeinsamen Gestalten und Verstehen, im gemeinsamen „Begehen" oder im Feiern ihre volle Wirksamkeit entfalten können. *So legt auch biblisches Denken die Einbettung der sakramentalen Symbole in die jeweilige Feiergestalt der Liturgie nahe.* Wenn man später zeitweilig die Sakramente allzu sehr als isolierte Heilsmittel für den Einzelnen gesehen und einseitig nach den Mindestbedingungen für ihren gültig wirksamen Vollzug gefragt hat, so entspricht dies nicht dem vollen biblischen Zeugnis.

Wege und Abwege der Lehre von den Sakramenten

Weitere Prägungen des Sakramentenbegriffs

Die Vorgeschichte der Ausbildung einer allgemeinen Sakramentenlehre im Mittelalter lässt sich am besten nachvollziehen, wenn man von der Bedeutungsentwicklung des griechischen Begriffs *mysterion* und seines lateinischen Äquivalents *sacramentum* ausgeht. Wann und wo werden diese Begriffe auf die kirchlichen Grundsakramente Taufe und Eucharistie sowie zunehmend auch auf die anderen fünf Sakramente angewandt? Das geschieht seit der Mitte des zweiten bzw. seit Anfang des dritten Jahrhunderts, *wobei diese Verwendung nicht exklusiv erfolgt.* Bis zum Mittelalter können auch Ereignisse der Heilsgeschichte, Lehren, Dienste und andere Riten unter diese Bezeichnung fallen, beispielsweise die Mönchsweihe, der Beerdigungsritus und die Fußwaschung. Die Zählungen schwanken zwischen 5 über 12 bis zu 30

Sakramenten. – Wir müssen uns hier natürlich auf wenige wichtige Entwicklungsstationen beschränken.

In der Tradition griechischer Sprache und Geistigkeit knüpft beispielsweise *Justin der Martyrer* (gest. um 165 zu Rom) an die kultische Mysterienpraxis, aber auch an das philosophische Mysteriendenken an, wenn er damit beginnt, „die Taufe und das Herrenmahl in kritischer Anlehnung an die Mysterienkulte Mysteria zu nennen"[30]. Justin geht es wohl vor allem um die Möglichkeit, mit dem geschichtlichen Christusereignis wie mit dem erhöhten Christus und seiner die Geschichte vollendenden Wiederkunft in lebendige und heilbringende Beziehung treten zu können. Diese Möglichkeit erkannte er vor allem in Taufe und Eucharistie. *Der Vergegenwärtigungsgedanke der antiken Mysterienkulte, aber auch der Teilhabegedanke der platonischen Tradition boten offenbar die Möglichkeit, das Erkannte dem Denken und Empfinden der Zeitgenossen nahe zu bringen.*

Nur etwas später bringt der afrikanische Kirchenschriftsteller *Tertullian* (um 160 – nach 220) einen wichtigen und originellen Beitrag zur Sakramentenlehre. Tertullian hat den Begriff *sacramentum* erstmals auf die Taufe (seltener auf die Eucharistie) angewandt, eine Art von Tauftheologie entwickelt und so einen Beitrag zur Sakramententheologie überhaupt geleistet. Tertullian greift dabei nicht nur auf die biblischen Bedeutungsgehalte von *mysterion/sacramentum* zurück, *er bezieht auch die profane Wortbedeutung von sacramentum ein*. „Bei den Römern besaß damals der Begriff ‚sacramentum' einen doppelten Sinngehalt: Eidleistung und finanzielle Bürgschaft. In beidem schwingt der typisch römische Gedanke an die für die Sittlichkeit entscheidende Selbstverpflichtung mit."[31] Dies ist sicher ein besonders wichtiger Beitrag zum Sakramentenverständnis: Im Sakrament geschieht nicht einfach etwas am eher passiven Menschen, *der Mensch ist zugleich zur gläubigen Antwort auf den heilvoll-wirksamen Anruf Gottes gerufen*. Sakramente haben einen dialogisch-responsorischen Charakter, ein

Wesenszug, der in der weiteren Entwicklung leider zeitweilig zu kurz gekommen ist. – In einem freilich etwas martialisch klingenden Kernsatz hat es Tertullian so formuliert: „Wir sind zum Kriegsdienste des lebendigen Gottes berufen schon dann, wenn wir die Worte des Fahneneides (sacramentum) nachsprechen."[32]

Als Beispiel für die weitere Entwicklung des Sakramentenverständnisses im Osten der Kirche sei *Theodor von Mopsuestia* (um 350–428) angeführt. Bischof Theodor war ein bedeutender Theologe der so genannten antiochenischen Schule, u. a. Verfasser katechetischer Predigten, die er zur Osterfeier bzw. deren Vorbereitung vor Gläubigen und Katechumenen als Hinführung zum Empfang der Initiationssakramente Taufe (mit Firmung) und Eucharistie vortrug. Er entwickelt gerade dabei im Ansatz eine theologisch durchdachte Sakramentenlehre, in der überkommene Begriffe der östlichen Tradition wie *mysterion*, Symbol und Zeichen besonders nachdrücklich heilsgeschichtlichen Zusammenhängen dienstbar gemacht werden: *Die Sakramente zeigen das vergangene Heilswirken Gottes wie dessen zukünftige Vollendung an und lassen in der Kraft des Heiligen Geistes Vergangenheit und Heilszukunft wirksam gegenwärtig werden.* In seiner 12. Homilie führt Theodor aus: „Jedes Sakrament (*mysterion*) ist die Anzeige in Zeichen und Symbolen von unsichtbaren und unaussprechlichen Dingen. Es bedarf wahrlich einer Enthüllung und einer Deutung für solche Dinge, wenn derjenige, welcher hinzutritt, die Kraft der Mysterien erkennen soll ... Da in dem Sakrament die Zeichen gegeben sind von dem, was sich ereignen wird oder was sich bereits ereignet hat, bedarf es einer deutenden Rede, die den Sinn der Zeichen und Mysterien erklärt."[33]

Vor allem für den Westen der Kirche hat der große Kirchenlehrer *Aurelius Augustinus* (354–430), Bischof von Hippo in Nordafrika, einen grundlegenden Beitrag zur Ausbildung einer allgemeinen Sakramentenlehre geleistet, wobei als Sakramente im späteren Sinn vor allem Taufe und Eucharistie im Blickfeld stehen. Augustinus entwickelt sein Sakramentenverständnis im Rahmen seiner neuplatonisch beeinflussten und zugleich biblisch gegründeten umfassenden Zeichentheorie: *Alle irdisch-materiellen Wirklichkeiten verweisen auf die übergeschichtliche Wirklichkeit Gottes und rufen dazu auf, sich im Aufstieg der geistigen Seele dieser Wirklichkeit teilhabend zuzuwenden.* Nachdem die Menschheit in der Sündengeschichte entgegen einem solchen Aufruf sich grundlegend und immer wieder an die materiellen Wirklichkeiten verloren hatte, setzte Gott neue heilsgeschichtliche Zeichen und Symbole, also Sakramente. *Dazu gehört grundlegend Jesus Christus selber, dazu gehört die Kirche, dazu gehören in der Kirche die Sakramente Taufe und Eucharistie.* Diese Kult-Sakramente tragen das, was Gott in den grundlegenden Sakramenten der Heilsgeschichte zeigt und gewirkt hat, ins Leben der Glaubenden hinein. Die Kult-Sakramente – *selber zusammengesetzt aus Wort und materiellem Element* – verweisen vor allem auf die übergeschichtliche göttliche Heilswirklichkeit, aber auch auf das göttliche Heilswirken schon im Alten Testament, vor allem aber in Christus und der Kirche. Sie verweisen damit auf die Gnade als die eigentliche „Sache des Sakramentes" (*res sacramenti*), sie geben daran Anteil und rufen zugleich zu gläubiger Verwirklichung des Empfangenen auf. Bei Unmündigen wirkt das sakramentale Wort und Zeichen der Taufe auch ohne das Verstehen des Sakramentsempfängers. *Bei allen Glaubenden wirkt es über deren Verstehen hinaus.* – Im Gegensatz zu einem rein platonischen Denken geschieht Erlösung und Heil also nicht in einem bloßen Erkenntnisweg, es wird nicht nur durch menschliche Erkenntnisakte gewonnen, Gott schenkt vielmehr sein Heil in den Sakramenten weit über das je tatsächliche gläubige Erkennen der Sakramentsempfänger hinaus.[34] Diese augustinische Konzeption könnte, auch wenn ihre Schwäche in einer gewissen platonischen Abwertung der geschichtlich-materiellen Wirklichkeit liegt – in der sich ja gerade auch

Gottes Heil verwirklichen will –, doch für eine erneuerte Sakramentenlehre heute wichtige Impulse geben, *vor allem was die aktive Rolle des Empfängers angeht.*

Einen bedeutsamen Beitrag leistet Augustinus übrigens auch in der Entfaltung der Lehre vom Sakramentenspender: Im Streit mit dem in Nordafrika verbreiteten *Donatismus* arbeitet er heraus, dass *der primäre Spender Christus* sein sakramentales Heilswirken nicht von der Heiligkeit des menschlichen Sakramentenspenders abhängig macht, sondern auch durch einen „sündigen" Sakramentenspender sein Heil schenkt. Damit wird zugleich die Lehre vom so genannten „sakramentalen Charakter" grundgelegt: Auch wenn der Sakramentenempfänger die Gnade des Sakramentes wegen mangelnder Offenheit nicht erlangt oder später in der Sünde wieder verliert, so erhält er doch vorab in der Taufe und ähnlich in der Handauflegung der Weihe *ein inneres sakramentales Prägemal oder Siegel* als Grundlage für ein Wiederaufleben der Gnade bzw. für die Wirksamkeit seines sakramentalen Handelns dort, wo dafür die Priesterweihe erforderlich ist, bei der Eucharistie. *Taufe und Weihe können und müssen also nicht wiederholt werden.*

Schließlich kommt auch die Gemeinschaftsbezogenheit der Sakramentenfeier und ihrer Symbolik bei Augustinus überzeugend zum Ausdruck: Paulus „sagt: Ein Brot, ein Leib sind wir, die Vielen (1 Kor 10,17). Versteht und freut euch: Einheit, Wahrheit, Frömmigkeit, Liebe, darum geht es! ‚Ein Brot': Wer ist dieses eine Brot? ‚Ein Leib die vielen.' Denkt daran, dass Brot nicht aus einem Korn entsteht, sondern aus vielen Körnern. Als der Exorzismus über euch gesprochen wurde, wurdet ihr gleichsam gemahlen. Als ihr getauft worden seid, seid ihr gleichsam begossen worden. Als ihr das Feuer des Heiligen Geistes empfangen habt, seid ihr gleichsam gebacken worden. Seid, was ihr seht, und empfangt, was ihr seid!"[35] Welch blutvolle Deutung auch der sichtbaren sakramentalen Zeichen, welche sinnenstarke Verkündigung!

Die Ausbildung der Sakramententheologie im Mittelalter

Augustins Einfluss wirkte sich auf das Sakramentenverständnis der folgenden Jahrhunderte bis an die Wende zum Hochmittelalter bestimmend aus, *wobei freilich nicht immer das augustinische Gleichgewicht zwischen sakramentalem Symbolismus und sakramentalem Realismus* – also einer Würdigung der Zeichen- und Hinweiskraft der Sakramente wie auch ihrer Wirkkraft über menschliches Bewusstsein hinaus – aufrecht erhalten wurde. Es gab Ausschläge nach der einen und der anderen Seite hin. Ebenso wurde die Balance zwischen der individuell-personalen und der gemeinschaftsbezogenen Wirkung der Sakramente nicht immer gewahrt.

Eine einschneidende Weiterentwicklung kirchlicher Sakramentenlehre brachte erst das 12. Jahrhundert, und zwar *unter dem Einfluss eines erstarkenden kirchenrechtlichen Denkens einerseits und dem Einfluss der Rezeption aristotelischer Philosophie in der Theologie andererseits*. Maßgeblich war dabei das Sakramentenverständnis des Pariser Bischofs *Petrus Lombardus* (um 1095–1160) und noch mehr die Sakramentenlehre des *Thomas von Aquin* (wahrscheinlich 1225–1274). Vor allem *seine* Sakramentenlehre mit ihren Stärken und Schwächen ging bestimmend in Dokumente des kirchlichen Lehramts ein.

In Anknüpfung an *Hugo von St. Victor* (Ende 11. Jh.–1141) vermittelt Petrus Lombardus die Sakramentenlehre des frühen Mittelalters ins Hochmittelalter. Er entwickelt einen Allgemeinbegriff der Sakramente, *betont neben ihrem Zeichencharakter auch ihren Verursachungscharakter*, wobei er auf den Kausalitätsbegriff des Aristoteles zurückgreift. Er ist einer der ersten Zeugen für die *Siebenzahl der Sakramente*, deren Wesenselemente (das Sach- und das Wortelement der Zeichenhandlung) er jeweils benennt. Folgende „Definition" der Sakramente gibt Petrus Lombardus im vierten seiner Sentenzenbücher: „Als Sakrament im eigentlichen Sinne ... wird bezeichnet, was in der Weise Zeichen der Gnade Gottes und Darstellungsform der unsichtbaren Gnade ist, dass es sie abbildet und zu ihrer Ursache wird. Nicht also allein um des Bezeichnens willen sind die Sakramente eingesetzt, sondern auch um der Heiligung willen."[36]

Thomas von Aquin, in Unteritalien geboren, Schüler des *hl. Albertus Magnus* in Köln, dann theologischer Lehrer vor allem in Paris, hat den Begriff des Sakramentes als eines von Christus eingesetzten heils- bzw. gnadenwirksamen Zeichens vollends ausgebildet. In seiner Sakramententheologie *steht vor allem der instrumentale oder Wirkcharakter der Sakramente im Blickfeld*. So kommt bei ihm, auch wenn die Sakramente nicht als mechanisch wirkende Instrumente gesehen werden, doch das dialogisch-responsorische Verständnis der Sakramente als Begegnungsorte zwischen dem heilschenkenden Gott und dem sich Gott im Glauben öffnenden Menschen zu kurz. Andererseits wird von Thomas die Symbolkraft der Sakramente, also ihr Zeichen- und Aufrufcharakter, gewürdigt: So, wenn er die Siebenzahl der Sakramente durch ihre im Zeichen ausgedrückte Beziehung zu den Grundsituationen des menschlichen Lebens begründet,[37] oder wenn er in grundlegender Reflexion über den Zeichencharakter feststellt, dass die sakramentalen Zeichen drei Dimensionen bezeichnen: „Die Ursache unserer Heiligung selbst, nämlich das Leiden Christi; das Wesen unserer Heiligung, das in der Gnade besteht und in den Tugenden; und das letzte Ziel unserer Heiligung: das ewige Leben ... Darum ist das Sakrament sowohl ein erinnerndes Zeichen (*signum rememorativum*) dessen, was vorhergegangen ist, nämlich des Leidens Christi; als auch ein hinweisendes (*signum demonstrativum*) dessen, was in uns durch das Leiden Christi gewirkt wird, nämlich der Gnade; wie auch ein vorausdeutendes Zeichen (*signum prognosticum*), nämlich ein Voranzeigen der künftigen Herrlichkeit."[38]

Im Übrigen gewinnt bei Thomas von Aquin die Lehre vom unauslöschlichen sakramentalen Charakter oder Prägemal ihre klassische Gestalt: *Taufe, Firmung und Weihesakrament prägen der Geistseele des Menschen ein Siegel ein, das zu einer geistig-geistlichen Aufgabe bestimmt und auch befähigt.* „So pflegte man im Altertum die Soldaten, die zum Heeresdienst eingeschrieben wurden, mit körperlichen Malen zu kennzeichnen, da sie mit einer körperlichen Dienstleistung betraut wurden. Weil nun die Menschen durch die Sakramente mit einer geistigen Aufgabe betraut werden, die zu Gottes Dienst gehört, so ist es ganz in der Ordnung, dass die Gläubigen durch die Sakramente mit einem geistigen Mal gekennzeichnet werden."[39]

Vorzüge und Schwächen dieser Sakramentenlehre, so könnte man sagen, halten sich die Waage. Folgende Vorzüge sind noch einmal festzuhalten: In ihr ist nachdrücklich die alleinige Heilsursächlichkeit Gottes herausgearbeitet. Der Mensch empfängt in den Sakramenten Gottes Heil, er schafft es nicht selber. Darüber hinaus erfolgt eine gewisse Ablösung vom Platonismus Augustins. *Gottes Heil will den Menschen in allen seinen Dimensionen erfassen, es ist auch für den geschichtlichen Weg des Menschen bestimmt.* Demgegenüber wurde als Nachteil erwähnt: Der Zeichen- und Aufrufcharakter der Sakramente tritt eher in den Hintergrund, damit auch die Bedeutung der Glaubensantwort des Menschen, der ein Sakrament empfängt. *Der dialogische Charakter der Sakramente wird verdunkelt.*

Die Lehre des Thomas von Aquin über die Sakramente geht, wie erwähnt, in Dokumente des kirchlichen Lehramts ein, so in den *Lehrentscheid für die Armenier des Konzils von Florenz* (1438–1445).[40] Im Dienste der Wiedervereinigung mit der armenischen Kirche wurde dieses Dekret den armenischen Gesandten vorgelegt, und diese verpflichteten sich darauf. Es ist keine unfehlbare Lehrentscheidung, hatte aber wesentlichen Einfluss auf die spätere Lehrentwicklung. Zwei fragwürdige Aufstellungen des Dekrets seien hier eigens vermerkt, weil sie zu Einseitigkeiten im kirchlichen Sakramentenverständnis führten: Die sieben Sakramente des

Neuen Bundes „unterscheiden sich weit von den Sakramenten des Alten Bundes. Denn diese wirkten nicht die Gnade, sie wiesen nur darauf hin, dass die Gnade durch Christi Leiden einmal gegeben werde. Diese unsere Sakramente aber enthalten die Gnade und teilen sie denen mit, die sie würdig empfangen"[41]. Hier ist kritisch zu fragen, ob denn die „Sakramente", also die Heilszeichen des Alten Bundes, wirklich keine Gnade „enthielten" und vermittelten. Und: „Alle diese Sakramente werden in drei Stücken vollzogen: durch den dinglichen Vollzug als Materie, durch die Worte als Form, durch die Person des Spenders, der das Sakrament erteilt in der Absicht, zu tun, was die Kirche tut. Wenn eines von diesen drei Stücken fehlt, so wird das Sakrament nicht vollzogen."[42] *Wird in einer solchen lehramtlichen Aussage nicht in aller Deutlichkeit die „Empfängervergessenheit" der späteren kirchlichen Sakramentenlehre grundgelegt?*

Reformatorische Einsprüche

Der Einspruch *Martin Luthers* (1483–1546) und anderer Reformatoren wie *Johannes Calvin* (1509–1564) richtet sich genau gegen diese Empfängervergessenheit katholischer Sakramentenlehre, die sich im Spätmittelalter noch einmal gesteigert hatte. Rechtfertigend, d. h. von Gott her und vor Gott Heil bringend, *ist allein der dem Menschen von Gott geschenkte Glaube*.

Für Luther ist nicht das Sakrament Ursache von Gnade und Rechtfertigung, sondern Gottes wirksames Wort, *das – sichtbar gemacht im sakramentalen Zeichen – vom Menschen im Glauben angenommen wird*. Da Luther die in der Schrift bezeugte göttliche Einsetzung des sakramentalen Verheißungszeichens als eine unabdingbare Voraussetzung des Sakramentes sieht, glaubt er nur zwei, höchstens drei Sakramente anerkennen zu können, nämlich Taufe, Buße und das Brot (das Abendmahl, die Eucharistie), wobei er die Buße auf die Taufe zurückführt. „Es hat sich gezeigt, dass im eigentlichen Sinne als Sakramente nur die zu bezeichnen sind, die mit Zeichen verbundene Verheißungen darstellen ... Daher kommt es, dass es, wenn wir uns streng ausdrücken wollen, in der Kirche Gottes nur zwei Sakramente gibt, die Taufe und das Brot, da wir in ihnen allein sowohl ein von Gott her eingesetztes Zeichen als auch die Verheißung der Sündenvergebung erkennen. Denn das Sakrament der Buße, das ich diesen beiden zugerechnet habe, entbehrt des sichtbaren Zeichens und der Einsetzung von Gott her; es ist ... nichts anderes als ein Weg und eine Rückkehr zur Taufe."[43] Eine Kurzformel für das Sakramentsverständnis Luthers kann man in der Formulierung aus seiner Vorlesung über den Hebräerbrief finden: *„Nicht das Sakrament, sondern der Glaube des Sakramentes rechtfertigt."*[44] – Wenn Luther auch die Bedeutung der personalen Glaubensantwort sehr stark betont, so erkennt er doch wohl dem sakramentalen Symbol einen echten Wirkcharakter zu. „Gottes wirkendes Wort nimmt das Element in seinen Dienst und bringt so den Menschen das real zu, was das für das Sakrament konstitutive Verheißungswort aussagt."[45] Was bei Luther, der sich gern auf Augustinus beruft, eher zurücktritt, ist der kirchlich-kommuniale Charakter, die gemeinschaftsbezogene Wirkung der Sakramente. – Dass Luther übrigens mehr Sinn für christliche Symbolhandlungen hatte als viele evangelische Christen nach ihm, kann sein „Kleiner Katechismus" beweisen, der mit Selbstverständlichkeit vor dem Morgen- und Abendsegen die *Bekreuzigung* vorsieht: „Des Morgens, so du aus dem Bette aufstehest, solt du dich segnen mit dem heiligen Creutz, und sagen: Das walt Gott der Vater, Sohn und Heil. Geist. Amen."[46]

Während für den Schweizer Reformator *Huldrych Zwingli* (1484–1531) die Sakramente einen *rein symbolischen Charakter* haben – sie sind Erinnerungs-, Bekenntnis- und Erkennungszeichen für die Gläubigen, Ausdruckszeichen vorhandenen Glaubens –, unterstreicht *Calvin* vor allem den Bezeugungscharakter der Sakramente: Sie sind Zeichen göttlicher Gnade für die Menschen und Bezeugung menschlicher Frömmigkeit vor Gott und den Menschen. Calvin kennt aber auch den Wirkcharakter der Sakramente, *wobei er ihre Wirksamkeit sehr nachdrücklich auf das Wirken des Heiligen Geistes beim Sakramentenempfang zurückführt*: eine sicher bedenkenswerte Akzentsetzung! „Zwischen dem Geist und den Sakramenten teile ich also dergestalt, dass bei dem Geist die Kraft zum Wirken liegt, den Sakramenten aber ausschließlich der Dienst überlassen bleibt, und zwar der Dienst, der ohne die Wirkung des Geistes leer und wesenlos bleibt, aber von großer Kraft erfüllt ist, wenn der Geist im Inneren am Werke ist und seine Kraft offenbart … Einerseits richten die Sakramente ohne die Kraft des Heiligen Geistes nicht das mindeste aus, und andererseits steht nichts dawider, dass sie in unserem Herzen, das schon vorher von jenem Lehrmeister (d. h. dem Heiligen Geiste) unterwiesen ist, den Glauben kräftiger und größer machen."[47]

Das Konzil von Trient und die Folgen

In Reaktion auf die sicher in mancher Hinsicht überspitzten, bzw. einseitigen Stellungnahmen der Reformation und um Missstände im eigenen Bereich abzustellen, beschäftigte sich das *Konzil von Trient* (1545–1563) einlässlich sowohl mit der allgemeinen Sakramentenlehre wie auch mit den einzelnen Sakramenten. Von der allgemeinen Sakramentenlehre handelt ein eigenes „Dekret über die Sakramente"[48], dessen Lehrsätze oder Canones, soweit sie die Substanz des Glaubens betreffen, den Anspruch auf Unfehlbarkeit erheben. In der Einleitung des Dekretes steht die gewichtige Aussage, dass durch die Sakramente „jede wahre Gerechtigkeit beginnt, wächst oder nach dem Verlust wiederhergestellt wird"[49].

Wichtige Aussagen, die mit Glaubensverbindlichkeit vorgelegt werden, sind: Alle sieben Sakramente, die im Einzelnen aufgezählt werden, sind von Jesus Christus eingesetzt; die Sakramente enthalten „die Gnade, die sie bezeichnen" und teilen sie denen mit, „die kein Hindernis entgegensetzen"[50]; durch die Sakramente wird die Gnade „kraft des vollzogenen Ritus (ex opere operato) mitgeteilt"[51]; es genügt zur Gnadenerlangung nicht der Glaube an die göttliche Verheißung.

Es ist nicht zu verkennen, dass hier im Anschluss an den sakramentalen Realismus des hl. Thomas von Aquin eine Sakramentenlehre lehramtlich vorgelegt wird, die den sakramentalen Symbolismus der augustinischen Tradition in den Hintergrund treten lässt. *In der berechtigten Verteidigung der Sakramente hat man die Aufmerksamkeit überwiegend auf die Gnadenwirkung der Sakramente und die instrumentale Weise ihrer Verursachung gelenkt.* Personale und kommuniale Aspekte kommen zu kurz, d. h. der Empfänger der Sakramente, seine Begegnung mit dem lebendigen heilschenkenden Gott, wie auch die Gemeinschaft der Kirche, in deren Liturgie die Sakramente gefeiert werden, bleiben außerhalb des Blickfelds. Dieser Mangel bestimmt den Hauptstrom der kirchlichen Sakramententheologie bis ins 20. Jahrhundert. Man sieht, wie auch unfehlbare kirchliche Lehrentscheidungen bei aller Berechtigung zu Verkürzungen und Einseitigkeiten führen können, weil sie einen zeit- und situationsbezogenen Charakter haben. Auch unfehlbare Lehrentscheidungen, Dogmen, bedürfen also der Interpretation, die sie unter Maßgabe des biblischen Gotteswortes aus zeitbedingten Verengungen und Einseitigkeiten befreit, zu komplementären, aber vernachlässigten Glaubenswahrheiten in Beziehung setzt und sie für die jeweilige Gegenwart neu aufschließt.

Neuansätze in der Sakramentenlehre vor dem Zweiten Vatikanischen Konzil

Während von der katholischen Theologie in den folgenden Jahrhunderten die Vorgaben des Konzils von Trient lediglich weiter ausgebaut wurden, kommt es im 19. und dann vor allem im 20. Jahrhundert zu Neuansätzen, ja zu einem eigentlichen *Neuaufbruch in der Sakramententheologie und der Sakramentenpastoral*. Dadurch werden die zukunftsweisenden theologischen Weichenstellungen des *Zweiten Vatikanischen Konzils* (1963–1965) vorbereitet und ermöglicht.

Neuansätze im 19. Jahrhundert

Im 19. Jahrhundert beginnen einzelne weitschauende katholische Theologen eine positive, nicht rein defensive Auseinandersetzung mit den Anliegen der Reformation – so *Johann Adam Möhler* (1796–1838) im Rahmen der Tübinger Schule. Andere greifen zur Neubelebung der Sakramentenlehre auf ältere Traditionen zurück – so *Matthias Joseph Scheeben* (1835–1888). Wieder andere versuchen, sich den neu aufkommenden Problemen von Geschichte und Geschichtlichkeit zu stellen – so die Theologen, die man kirchlicherseits als „Modernisten" gebrandmarkt hat.

Johann Adam Möhler lässt in produktiver Auseinandersetzung mit reformatorischen Positionen vernachlässigte Aspekte der katholischen Tradition neu lebendig werden. *Er bindet mit Entschiedenheit das Wirken der Sakramente an das Heilswerk Jesu Christi zurück und unterstreicht die Bedeutung gläubiger Empfänglichkeit beim Sakramentenempfänger*. „Die Sakramente überbringen eine vom Heiland uns verdiente göttliche Kraft, die durch keine menschliche Stimmung, durch keine geistige Verfassung verursacht werden kann, sondern von Gott um Christi willen schlechthin im Sakramente gegeben wird. Allerdings muss sie der Mensch empfangen und deshalb empfänglich sein."[52]

Im Rahmen der scholastischen Tradition, welche die Wirkursächlichkeit der Sakramente besonders betont, bringt der in Köln lehrende Dogmatiker *Scheeben* ebenfalls vernachlässigte Überlieferungselemente neu zur Geltung: *In den Sakramenten wirkt der Heilige Geist auf geheimnisvolle Weise die Teilhabe am göttlichen Leben*: Darum sind die Sakramente Mysterien. Wichtig ist auch der Gedanke, dass in den Sakramenten je neu eine Beziehung zum erhöhten Christus gestiftet wird. „Das müssen wir jedenfalls festhalten, mit den Sakramenten der Kirche ist auf irgendeine Weise die übernatürliche, vom Gottmenschen ausgehende Gnadenkraft des Heiligen Geistes verbunden, und zwar deshalb verbunden, weil der Empfänger des Sakramentes durch den Empfang in eine besondere Beziehung zum Gottmenschen als seinem Haupte tritt und vermöge dieser Beziehung als Glied auch der Kraft des Hauptes desselben teilhaftig werden muss. Das ist die allgemeine Idee von dem mystischen Wesen der christlichen Sakramente."[53]

Zu nennen sind schließlich die Versuche verschiedener Theologen um die Wende vom 19. zum 20. Jahrhundert – darunter führend der französische Theologe *Alfred Loisy* (1857–1940) –, *kirchliche Lehre und moderne Natur- und Geisteswissenschaften in eine produktive Verbindung zu bringen.* Manchmal mögen sie überspitzt gewesen sein. Das kirchliche Lehramt hat diese Versuche jedoch im so genannten „Antimodernistenstreit" in ihrer Gesamtheit abgeblockt. Für die Sakramente wurde in diesem Zusammenhang jeder Gedanke an eine geschichtliche Entwicklung im Dekret „Lamentabili" von 1907[54] eigens verworfen und die Betonung der Bedeutung subjektiver religiöser Erfahrungen im Mitvollzug der sakramentalen Symbole als Verfälschung der objektiven kirchlichen Lehre eingestuft – so besonders im Rundschreiben „Pascendi" *Pius X.* von 1907 gegen den Modernismus[55]. Zum Glück konnten die wichtigen Impulse der zu Unrecht so genannten Modernisten nicht auf Dauer niedergehalten werden: Dass sich die Sakramente und die

Lehre von den Sakramenten auch geschichtlich entwickelt haben, ja entwickeln mussten und müssen, wird inzwischen nur noch von Fundamentalisten bestritten; dass die sakramentalen Symbolhandlungen auch auf subjektiven Mitvollzug, also auch auf religiöse Erfahrung einschließlich des Fühlens zielen, ja, darauf angewiesen sind – Glauben bedeutet nicht nur ein verstandesmäßiges Fürwahrhalten –, ist ebenso unbestreitbar und weithin unbestritten.

Der Aufbruch des 20. Jahrhunderts

Während die Ansätze des 19. Jahrhunderts in ihrer Auswirkung noch zurückgedämmt werden konnten, brach sich in der ersten Hälfte des 20. Jahrhunderts die Erneuerung der Sakramentenlehre vollends Bahn. Als bewegende Kräfte sind hier einerseits die *Liturgische Bewegung* zusammen mit der *Bibelbewegung*, andererseits Theologen wie *Karl Rahner* (1904–1984) und *Edward Schillebeeckx* (geb. 1914), vor allem aber der Liturgiewissenschaftler *Odo Casel* (1886–1948) zu nennen.

Die *Liturgische Bewegung* – nicht zuletzt mit dem Namen des Religionsphilosophen und Theologen *Romano Guardini* (1885–1968) verbunden – „stellte eine innerkirchliche Erneuerungsbewegung von fundamentaler Bedeutung dar, die – an der offiziellen Liturgie der Kirche orientiert – von dem Bemühen um deren lebendigen Vollzug charakterisiert war"[56]. Es ging dabei nicht um eine abstrakte Sakramentenlehre, sondern um eine erneuerte *gottesdienstliche Praxis der Kirche, in welcher der Einzelne wie die christliche Gemeinschaft ihren Glauben in „tätiger Teilhabe" (actuosa participatio) sollten zum Ausdruck bringen und heilvoll erfahren können*. Dabei entwickelte sich im praktischen Vollzug wie in der theoretischen Reflexion auch ein neues Verständnis für den Symbolcharakter der Sakramente.

Karl Rahner und *Edward Schillebeeckx* haben sich in Vor-

wie Nachbereitung der Sakramentenlehre des Zweiten Vatikanischen Konzils unter dogmatischem wie pastoraltheologischem Aspekt verdient gemacht. Als Wegbereiter ist aber vor allen anderen der *Maria Laacher Benediktinermönch Odo Casel* mit einem Ehrenplatz zu bedenken. In Verbindung mit der Liturgischen Bewegung entwickelte er seine „*Mysterientheologie*", deren erste Grundlegung sich bereits 1923 in seinem Werk „Die Liturgie als Mysterienfeier" findet, deren reife Gestalt er dann 1932 in dem Werk „Das christliche Kultmysterium" vorlegte. Was will diese Mysterientheologie? Casel unternimmt es, das Wirken vor allem der beiden christlichen Grundsakramente Taufe und Eucharistie auf dem Verstehenshintergrund der antiken Kultmysterien neu zu deuten. „Wie in den hellenistischen Mysterienreligionen das zentrale Kultmysterium die unvordenkliche Heilstat des Kultgottes nachbildet und damit repräsentiert, also ver-gegenwärtigt, so vollzieht sich auch in den beiden christlichen Grundsakramenten von Taufe und Eucharistie in einer zeichenhaften Handlung eine real-symbolische Vergegenwärtigung der geschichtlich vergangenen Heilstat Jesu Christi."[57] Das Heilswerk Jesu Christi, vor allem sein Leiden, Sterben und seine Auferstehung, das „Pascha-Mysterium", wird in den Sakramenten so vergegenwärtigt, dass die aktiv mitfeiernden Gläubigen in eine gegenwärtige Schicksalsgemeinschaft mit Jesus Christus kommen und so auch Teilhabe an seinem Auferstehungsleben erlangen. Mit den Worten Casels: *„Das Mysterium ist eine heilige kultische Handlung, in der eine Heilstatsache unter dem Ritus Gegenwart wird; indem die Kultgemeinde diesen Ritus vollzieht, nimmt sie an der Heilstat teil und erwirbt sich dadurch das Heil."*[58]

Man hat am Werk Casels kritisiert, dass er zu unkritisch Vorstellungen aus den antiken Kultmysterien zur Deutung der Sakramente und ihres Wirkens übernommen habe. Das mag für seine ursprüngliche Konzeption zutreffen. Doch hat Odo Casel selber mithilfe biblischen Denkens der antiken

Sakramente als Schicksalsgemeinschaft mit Jesus Christus
Die aus der so genannten Reichenauer Malschule stammende Darstellung „Zug der Getauften zum Kreuz unter der Mittlerschaft der Ecclesia" kann wichtige Momente eines geläuterten Sakramentenverständnisses verdeutlichen: Die Sakramente (hier die Taufe) schaffen in und mit der Kirche Weggemeinschaft zu Christus hin, zugleich Schicksalsgemeinschaft mit dem Gekreuzigten und Auferstandenen, woraus letztlich auch ihre heilvolle Wirkung entspringt.

63

Kultbegrifflichkeit eine mehr *personale und geschichtsbezogene Prägung* gegeben: Was in den sakramentalen Mysterien vergegenwärtigt wird und woran die Gläubigen Anteil haben, ist nicht das sich zyklisch wiederholende Schicksal einer Naturgottheit, sondern das einmalige geschichtliche Heilswirken Gottes in Jesus Christus. Es ist vor allem das Oster- oder Pascha-Mysterium, nämlich das Leiden, Sterben und die Auferstehung des Herrn, das im Heiligen Geist in den sakramentalen Symbolen immer neu Gegenwart gewinnt – auf die zukünftige Vollendung hin. Wenn das Zweite Vatikanische Konzil den Begriff des Pascha-Mysteriums in seiner Liturgiekonstitution zu einem Schlüsselbegriff gemacht hat, so geschah dies unter dem Einfluss Odo Casels, der diesem Begriff seine zentrale Bedeutung gegeben oder doch wiedergegeben hat.[59]

Die Sakramentenlehre des Zweiten Vatikanischen Konzils als Magna Charta einer erneuerten Sakramententheologie

Im Zweiten Vatikanischen Konzil werden nicht zuletzt die Dimensionen des Sakramentenverständnisses neu zur Geltung gebracht, die in der scholastisch geprägten Lehrtradition zu kurz gekommen waren: *vor allem der Zeichen- bzw. Symbolcharakter der Sakramente, der auch für ihre Wirkweise Bedeutung hat, und ihr Begegnungscharakter, der unter individuellem und kommunitärem Aspekt zu sehen ist.*

Aussagen über die Sakramente finden sich vor allem in der *Konstitution über die heilige Liturgie „Sacrosanctum Concilium"* (SC) von 1963, in der auch Grundlegendes zum Verständnis der Sakramente zur Sprache kommt, sowie in der *Dogmatischen Konstitution über die Kirche „Lumen Gentium"* (LG) von 1964, welche die Wirkung der einzelnen Sakramente für die Realisierung von Kirche ins Auge fasst.

Die Sakramente als Wirkzeichen und Verkündigung

In der Liturgiekonstitution heißt es in einem Text, den man speziell als Magna Charta einer erneuerten Sakramentenlehre bezeichnen könnte:[60] „Die Sakramente sind hingeordnet auf die Heiligung der Menschen, den Aufbau des Leibes Christi und schließlich auf die Gott geschuldete Verehrung; als Zeichen haben sie auch die Aufgabe der Unterweisung. Den Glauben setzen sie nicht nur voraus, sondern durch Wort und Ding (*verbis et rebus*) nähren sie ihn auch, stärken ihn und zeigen ihn an; deshalb heißen sie Sakramente des Glaubens. Sie verleihen Gnade, aber ihre Feier befähigt auch die Gläubigen in hohem Maße, diese Gnade mit Frucht zu empfangen, Gott recht zu verehren und die Liebe zu üben. Es ist darum sehr wichtig, dass die Gläubigen die sakramentalen Zeichen leicht verstehen und immer wieder zu jenen Sakramenten voll Hingabe hinzutreten, die eingesetzt sind, um das christliche Leben zu nähren." In der Folge spricht das Konzil von den Sakramentalien (SC 60), um in SC 61 fortzufahren: „Die Wirkung der Liturgie der Sakramente und Sakramentalien ist also diese: Wenn die Gläubigen recht bereitet sind, wird ihnen nahezu jedes Ereignis ihres Lebens geheiligt durch die göttliche Gnade, die ausströmt vom Pascha-Mysterium des Leidens, des Todes und der Auferstehung Christi, aus dem alle Sakramente und Sakramentalien ihre Kraft ableiten. Auch bewirken sie, dass es kaum einen rechten Gebrauch der materiellen Dinge gibt, der nicht auf das Ziel ausgerichtet werden kann, den Menschen zu heiligen und Gott zu loben."

Wenn die Sakramente als *Sakramente des Glaubens* bezeichnet werden, so bedeutet das offenkundig mehr und anderes, als dass sie nur *Gegenstand* des Glaubens wären: Sie setzen Glauben voraus und dienen dem Glauben des Menschen, indem sie ihn „nähren, stärken und anzeigen". Das bewirken sie durch den Vollzug des sakramentalen Zeichens; das nämlich meint „durch Wort und Ding" (*verbis et rebus*).

Sie bewirken also, indem sie bezeichnen, *was durchaus auch eine „Unterweisung" einschließt, aber darin nicht aufgeht.*

Was aber bewirken die sakramentalen Symbolhandlungen in ihrem Zeichencharakter? In ihnen geschieht „Heiligung der Menschen, ... Aufbau des Leibes Christi und schließlich ... die Gott geschuldete Verehrung".

Beim Begriff *Heiligung* könnte man an eine Herausnahme des Menschen aus seinen weltlichen Bezügen und Beziehungen denken. Das aber ist im Kontext dieses Konzils sicher nicht gemeint. Gemeint ist vielmehr umgekehrt *der Einbezug des Menschen und seiner ganzen Welt – auch der materiellen – in die Lebenssphäre des Heiligen Dreifaltigen Gottes*, die Teilnahme an seinem Leben auch in den Situationen und Beziehungen des konkreten Alltags. In diesem Sinne ist Heiligung christlich zu verstehen.

Dass es in den Sakramenten nicht nur um das Heil, die Heiligung des je Einzelnen geht, sondern *auch um das Glücken von Gemeinschaft*, der so ersehnten und zugleich gefährdeten menschlichen Beziehungen, das kommt noch einmal zum Ausdruck, wenn der Aufbau des Leibes Christi als Ziel der Sakramente bezeichnet wird.

Was schließlich das dritte Element der Zielumschreibung angeht, die *Anbetung und das Lob Gottes*, die „Gott geschuldete Verehrung", so ist dabei gewiss nicht an eine nur pflichtgemäße Teilnahme an einem von der eigenen menschlichen Existenz abgehobenen religiösen Kult zu denken: *Ehre Gottes ist nach einem großen Wort der Kirchenväterzeit* – es stammt von Irenaeus von Lyon, der im 2. Jahrhundert wirkte – *der lebendige Mensch selbst*. Dieser ist also gefragt: Er soll und darf neben seinen Bitten, Ängsten und Anliegen auch seine dankbare Lebensfreude, seine Daseins- und Mitseins-Lust in das große Spiel der Sakramentenliturgie einbringen. Dabei haben auch hier die Sakramente einen dialogischen Charakter: Dem heiligenden Wirken Gottes antwortet die Verehrung Gottes durch die Gläubigen in Dank, Lob und Bitte. Wenn *Joseph Ratzinger in seinem*

Buch „Der Geist der Liturgie"[61] den latreutischen, den Anbetungsaspekt der Liturgie mit Recht unterstreicht, so darf dabei gerade nicht der Bezug der Sakramente zum Alltagsleben zu kurz kommen, wie es wohl doch in der genannten Publikation geschieht.[62] In den Sakramenten geht es um beides zugleich: die Heiligung des konkreten menschlichen Lebens und Zusammenlebens und die zweckfreie Verehrung Gottes. Beides gehört zum gelingenden Leben, und *zu beidem wollen und können die Sakramente helfen: aus der Kraft des Pascha-Mysteriums Jesu Christi.*

Die Sakramente als Werk der ganzen Kirche

Ein Einzelaspekt der Sakramentenlehre des Zweiten Vatikanischen Konzils sei noch eigens genannt: Die Sakramente sind Werk Christi und – abhängig von ihm – zugleich Werk der ganzen Kirche. Das Konzil hat in diesem Zusammenhang die *Lehre von der vielfältigen Gegenwart Christi in der Kirche, besonders in ihrer Liturgie*, neu formuliert. Diese Lehre gilt natürlich auch für die liturgischen Zentralereignisse, die Sakramente. Dazu führt das Konzil aus: „Um aber dieses so große Werk (der Erlösung und des Heils) zu vollenden, ist Christus immer bei seiner Kirche, besonders in den liturgischen Handlungen. Gegenwärtig ist er im Opfer der Messe sowohl in der Person des Dieners – denn ‚derselbe bringt das Opfer jetzt durch den Dienst der Priester dar, der sich selbst einst am Kreuz dargebracht hat' –, als auch vor allem unter den eucharistischen Gestalten. Gegenwärtig ist er mit seiner Kraft in den Sakramenten, so dass, wenn einer tauft, Christus selbst tauft. Gegenwärtig ist er in seinem Wort, da er ja selbst spricht, wenn die heiligen Schriften in der Kirche gelesen werden. Gegenwärtig ist er schließlich, wenn die Kirche betet und singt, er, der versprochen hat: ‚Wo zwei oder drei in meinem Namen versammelt sind, da bin ich in ihrer Mitte' (Mt 18,20). In der Tat gesellt sich Christus in diesem so großen Werk, in dem Gott vollkommen verherrlicht wird und die Menschen geheiligt werden, immer die Kirche zu, seine hochgeliebte Braut, die ihren Herrn anruft und durch ihn dem ewigen Vater Verehrung erweist."[63]

Wenn auch die Frage nach dem bevollmächtigten Spender der einzelnen Sakramente sicher nicht unwichtig geworden ist, so wird doch seine Bedeutung in gewissem Sinne relativiert, *weil immer die Kirche als Gemeinschaft der Glaubenden an der Liturgie und mithin auch an der Spendung der Sakramente in aktivem Mitfeiern beteiligt ist, beteiligt sein sollte*. Auch der Christus als den primären Sakramentenspender repräsentierende kirchliche Sakramentenspender hat also seine besondere Vollmacht als Glied des Volkes Gottes, als Glied der Kirche, in der Christus auf vielfältige Weise gegenwärtig ist. Der Spender ist also nicht bloß aktiv und der Empfänger nur passiv: *Beide sind in der Verbindung mit Jesus Christus empfangend und aktiv zugleich*, wie auch beide ihre liturgischen Rollen als Glieder der in Christus gegründeten Gemeinschaft zu spielen haben. Das sakramentale Geschehen ist reicher und lebendiger, als dies in einer einseitig scholastisch geprägten Lehrtradition wahrgenommen werden konnte. Das Konzil hat die Grundlage für ein ungleich reicheres Sakramentenverständnis und eine lebendigere Sakramentenpraxis gelegt. Diese Schätze müssen freilich auch heute noch weiter gehoben und den Menschen erschlossen werden. Das Programm des Zweiten Vatikanischen Konzils, in das manche Anregungen reformatorischer Sakramententheologie eingegangen sind, kann in der Sakramentenlehre von Natur aus nicht einfach als abgeschlossen betrachtet werden. *Es fordert in jeder Zeit und jeder Kultur seine entsprechende Neuverwirklichung.*

Leitmotive des Zweiten Vatikanischen Konzils für die Sakramententheologie

Das Grundprogramm:	Sakramente des Glaubens wirksam aus dem Pascha-Mysterium	
Die Sakramente wirken:	als Zeichen	aus dem Pascha-Mysterium
	als Liturgie	als Ausdruck und Nährung des Glaubens
	als Werk Christi und Werk der ganzen Kirche	als Gnadenmitteilung
	im Dialog zwischen Gott und den Menschen	als konkretes Heil auch schon für diese Welt und Geschichte
	am Einzelnen und der ganzen Gemeinde bzw. Kirche	

4. Nachkonziliare Entwicklungen

Die gemeinsamen Baupläne

Was auf der Grundlage des Zweiten Vatikanischen Konzils weithin in Sakramententheologie und Sakramentenpastoral gemeinsame Überzeugung ist, das sind die folgenden Einsichten, die zugleich weiter zu lösende Aufgaben darstellen:

Wesen und Wirken der Sakramente müssen vor allem von ihrem Zeichen- und Symbolcharakter her gedeutet werden. Gerade so aber sind sie in die Lebenswelt heutiger Menschen weiter und immer aufs Neue zu integrieren.

Die Sakramente gehören in den Bereich der Liturgie. Sie sind damit Teil jenes Grundvollzugs der Kirche, dem diese letztlich ihre Existenz verdankt. „Die Liturgie baut die Kirche nicht nur auf, sondern sie hält die Kirche auch am Leben, und sie lässt die Kirche ... immer wieder neu entstehen."[64] *Was sich von der Liturgie sagen lässt* als dem Inbegriff des heilbringenden personalen Geschehens zwischen Gott und den Menschen, *das lässt sich im Besonderen also auch von den Sakramenten als liturgischen Zentralereignissen sagen* – und umgekehrt.

Renaissance der Symbole

Es wurde schon darauf hingewiesen: Während einerseits in unsrer Zeit der Sinn für Realsymbole bzw. für realisierende Zeichen rasant schwindet, kann man andererseits in verschiedenen Wissenschaften, aber auch im praktischen Leben „*von einer Art ‚Renaissance der Symbole'* sprechen."[65] – Anders gesagt: Es „bringt die wiedergewonnene Geheimnishaftigkeit des Daseins und des Lebens, aber auch die Einbettung der menschlichen Rationalität in die Vielschichtigkeit der Emotionen, der Phantasie und der seelischen Tiefenwelt ein verändertes günstigeres Klima für Symbole hervor und zurück. Die Dinge der Natur und die Vorgänge des Lebens ragen wieder über ihre beobachtbare ... Berechenbarkeit und Machbarkeit hinaus und entziehen sich so einer restlosen Berechnung und Nutzung"⁶⁶.

Angesichts der wieder entdeckten oder sogar neu entdeckten fundamentalen Bedeutung symbolischen Ausdrucks und Austauschs für Leben und Zusammenleben der Menschen wird wohl allgemein die Aufgabe gesehen, *gerade auch dieses anthropologische Potential der Sakramente neu zu erschließen und ins Spiel zu bringen* – und zwar auch im Blick auf die im Bereich der „Realsymbole" unterentwickelte oder verschüttete Symbolfähigkeit vieler Zeitgenossen. Gott wirkt in den Sakramenten sein Heil für die Menschen nicht an den Symbolhandlungen der Sakramente und an ihrer symbolspezifischen Wirkweise vorbei, sondern er schenkt sein Heil zuverlässig, *indem er sich der natürlichen Wirkung der symbolischen sakramentalen Interaktionen bedient*. Wenn die spezifische Wirkung der Realsymbole in ihrem den ganzen Menschen, nicht nur den Verstand, ansprechenden und zugleich gemeinschaftsbildenden Charakter ihren Grund hat, so sind einerseits die sakramentalen Symbolhandlungen so zu gestalten und in liturgische Kontexte einzubauen, dass sie auch bei heutigen Menschen „ankommen", *dass diese sich darin mit eigenen Erfahrungen und Anliegen wiederfinden können*. Es ist andererseits behutsam und geduldig, aber auch mit Phantasie *das Bewusstsein der Zeitgenossen für diese Zeichen aufzuschließen*.

Der „Katechismus der katholischen Kirche" hat in diesem Punkt mit Treffsicherheit das sakramententheologische Programm des Zweiten Vatikanischen Konzils zusammengefasst: „Seit Pfingsten bewirkt der Heilige Geist die Heiligung durch die sakramentalen Zeichen seiner Kirche. Die Sakramente der Kirche schaffen den ganzen Reichtum der Zeichen und Symbole des Kosmos und des gesellschaftlichen Lebens nicht ab, sondern läutern und integrieren sie. Zudem lassen sie in Erfüllung gehen, was der Alte Bund in

Urbildern und Gestalten im Voraus andeutete. Sie versinnbilden und verwirklichen das durch Christus gewirkte Heil, deuten im voraus auf die Herrlichkeit des Himmels hin und nehmen sie in gewisser Weise vorweg."[67] *Dass in diesem theologischen auch ein pastorales und katechetisches Programm enthalten ist, dürfte auf der Hand liegen.*

Sakramente als liturgische Zentralereignisse

Wenn die Sakramente als wesentliche Bestandteile zur Liturgie gehören, dann gelten die Wesensbestimmungen von Liturgie auch für die Sakramente. Was kennzeichnet Liturgie dem inneren Geschehen nach?

(1) „Liturgie ist die von der kirchlichen Gemeinschaft durch Christus, den Mittler zwischen Gott und den Menschen, im Heiligen Geist *unter wirksamen Zeichen und in rechtmäßiger Ordnung vollzogene Aktualisierung des Neuen Bundes.*"[68] In dieser Grundbestimmung kommt die katholische Tradition gültig zum Ausdruck. Mithin kann sie ein umfassendes Vorzeichen für das Verständnis der Sakramente darstellen.

(2) Liturgie hat einen *absteigenden oder katabatischen Aspekt*, das heilshafte Kommen Gottes im Heiligen Geist, und einen *aufsteigenden oder anabatischen Aspekt*, die Verherrlichung Gottes des Vaters durch Jesus Christus, die Hingabe der Menschen an Gott in Jesus Christus. Gott kommt in der Liturgie menschlichem Tun mit seiner Zuwendung in Wort und Zeichen zuvor, er eröffnet immer neu den Dialog mit den Menschen in seinem in der Liturgie auf vielfältige Weise gegenwärtigen Sohn Jesus Christus. *Diese schöpferische Anrede Gottes ermöglicht – wiederum in Jesus Christus – die gemeinsame und je individuelle Antwort der Liturgie feiernden Menschen in Glaube, Hoffnung und Liebe, in Dank, Lob und vertrauensvoller Bitte.* Daraufhin neigt sich der Dreifaltige Gott in seinem Heiligen Geist aufs Neue den Menschen zu, *indem er selber sich ihnen mitteilt*

und ihre Situation, ihre Befindlichkeiten heilvoll wandelt. Dieser Dreischritt, der sich besonders deutlich am Gipfelsakrament der Eucharistie ablesen lässt, ist natürlich nicht als ein strenges Nacheinander zu sehen. Zuwendung Gottes zu den Menschen und gläubige Hingabe der Menschen an Gott sollen und dürfen in den liturgischen Feiern, die es nicht nur als Sakramentsfeiern, sondern beispielsweise auch als selbständige Wortgottesdienste und als Stundengebet gibt, ineinander greifen.

(3) Unter den verschiedenen Aspekten, die sich aus Texten und Gesten der Liturgie für ein angemessenes Sakramentenverständnis ergeben, ist auch noch einmal der folgende zu nennen: *Liturgie und so auch die Sakramente sind Aufgabe und Werk des ganzen Gottesvolkes, d. h. konkret der feiernden Gemeinde,* also nicht nur eine Sache des Einzelnen und seines Gottesverhältnisses, aber auch nicht eine Inszenierung für die Gläubigen, zu deren gültiger Verwirklichung allein der Klerus, insbesondere der Priester berufen wäre. Es geht in der Liturgie nicht ausschließlich um das Verhältnis des Einzelnen zu seinem Gott, um seine Heiligung und seine Gottesverehrung. Eigentlicher Träger, letztes *Subjekt der Liturgie ist nach der Überzeugung der Kirche Jesus Christus und mit ihm das ganze Gottesvolk,*[69] wie sich auch an der vorherrschenden Wir-Form der liturgischen Gebete ablesen lässt. Bei aller Verschiedenheit der liturgischen Rollen, bei der auch die besondere Rolle des Sakramentenspenders zu beachten ist: Die einseitige Konzentration auf diesen Sakramentenspender, die man für vergangene Jahrhunderte diagnostizieren muss, ist zumindest eine Blickverengung. Dass das Zweite Vatikanische Konzil das Liturgieverständnis wieder auf die ganze feiernde Gemeinde ausgeweitet hat, bedeutet – recht verstanden – zugleich eine *„Entklerikalisierung der Liturgie"* als *„Neugeburt der Kirche der Laien"* in fundamental gleicher Würde, wie Kurt Koch, der Bischof von Basel, es nennt.[70] – Wenn man die Liturgie als Werk des ganzen Gottesvolkes bzw. der ganzen

feiernden Gemeinde versteht, so ist zugleich zu bedenken, dass jede Sakramentenfeier die Gemeinschaft des Gottesvolkes (mit Christus und untereinander) vertieft bzw. erneuert. *Diese Gemeinschaft ist also zugleich Voraussetzung und Frucht sakramentalen Feierns.* Wenn die feiernde Gemeinde Trägerin der Liturgie ist, so hat das noch eine weitere Konsequenz: Die gottesdienstlichen Feiern und damit auch die Sakramentenfeiern müssen innerhalb der gemeinsamen „Sprache" der Gesamtkirche bzw. im Rahmen der großen Riten der Gesamtkirche auch der Sprache der Ortsgemeinden Raum geben. Das heißt: Die (bischöflichen) Ortsgemeinden müssen ihren besonderen Erfahrungen und gewachsenen Einsichten auch in den Zeichen und Worten der Liturgie Ausdruck geben dürfen, die auf ihrem Boden gewachsen sind. Kurt Koch nennt hier als „kirchentheologische Perspektive konziliarer Liturgie" die „Dezentralisierung der Kirche", nämlich *„universalkirchliche Hochsprache und ortskirchliche Dialekte in der Liturgie"*[71] im Miteinander.

(4) Als letztes, für die Sakramente besonders wichtiges Charakteristikum der Liturgie sei genannt: Liturgie ist immer in die gesamte Heilsgeschichte Gottes mit den Menschen eingeordnet, *in ihr gewinnen Vergangenheit und Zukunft Gegenwart.* Das kommt besonders nachdrücklich im „Vierten Hochgebet" der eucharistischen Liturgie zum Ausdruck, wo die Heilstaten Gottes von der Erschaffung der Welt bis zur Sendung des Heiligen Geistes und zur Vollendung in Erinnerung bzw. ins Bewusstsein gerufen und damit vergegenwärtigt werden. Auch die Sakramente haben so „eine rückwärtsblickende (anamnetische, d. h. erinnernde) und eine vorausblickende (prophetisch-epikletische, d. h. Gottes endgültiges Kommen herbeirufende) Dimension."[72]

Im Folgenden wird ein Auszug aus dem Vierten Eucharistischen Hochgebet vorgelegt:

„Wir preisen dich, heiliger Vater, denn groß bist du, und alle deine Werke künden deine Weisheit und Liebe.
Den Menschen hast du nach deinem Bild geschaffen und ihm die Sorge für die ganze Welt anvertraut. Über alle Geschöpfe sollte er herrschen und allein dir, seinem Schöpfer, dienen.
Als er im Ungehorsam deine Freundschaft verlor und der Macht des Todes verfiel, hast du ihn dennoch nicht verlassen, sondern voll Erbarmen allen geholfen, dich zu suchen und zu finden.
Immer wieder hast du den Menschen deinen Bund angeboten und sie durch die Propheten gelehrt, das Heil zu erwarten.
So sehr hast du die Welt geliebt, heiliger Vater, dass du deinen eingeborenen Sohn als Retter gesandt hast, nachdem die Fülle der Zeiten gekommen war. Er ist Mensch geworden durch den Heiligen Geist, geboren von der Jungfrau Maria. Er hat wie wir als Mensch gelebt, in allem uns gleich außer der Sünde.
Den Armen verkündete er die Botschaft vom Heil, den Gefangenen Freiheit, den Trauernden Freude.
Um deinen Ratschluss zu erfüllen, hat er sich dem Tod überliefert, durch seine Auferstehung den Tod bezwungen und das Leben neu geschaffen.
Damit wir nicht mehr uns selber leben, sondern ihm, der für uns gestorben und auferstanden ist, hat er von dir, Vater, als erste Gabe für alle, die glauben, den Heiligen Geist gesandt, der das Werk deines Sohnes auf Erden weiterführt und alle Heiligung vollendet."[73]

Die damit genannten Grundcharakteristika kirchlichen Gottesdienstes, kirchlicher Liturgie, kennzeichnen also auch in besonderer Weise die Sakramente. *Sie stellen gleichsam die Vorzeichen vor dem Notensystem heutiger Sakramententheologie und Sakramentenpastoral dar*. Weitere theologische Entfaltungen in der Sakramentenlehre, von denen jetzt die Rede sein muss, bewegen sich im Wesentlichen in diesem Rahmen.

Unterschiedliche Innenarchitekturen

Bei der Ausgestaltung des vom Zweiten Vatikanischen Konzil inspirierten Grundplanes einer erneuerten Sakramentenlehre kann man – je nach den Schwerpunkten, die gesetzt werden – *fünf Grundtypen* unterscheiden, die durch die folgenden Stichworte charakterisiert sind:[74] „Sakramente als Gottbegegnung durch Christus in der Kirche" – „Sakramente als symbolische Realisierungen" – „Sakramente als Heil in den Grundsituationen menschlichen Lebens" – „Sakramente als Kommunikationsgeschehen" – „Sakramente als Heilsgeschehen in Fest und Feier".

Sakramente als Gottbegegnung durch Christus in der Kirche

Während in der Mysterientheologie *Odo Casels* durch die Sakramente vor allem das Heilswerk Jesu Christi versinnbildet und vergegenwärtigt wird, haben theologische Entwürfe, die schon in die Zeit vor dem Zweiten Vatikanischen Konzil zurückgehen, sich aber darin und darüber hinaus folgenreich auswirkten, das Leitmotiv „Vergegenwärtigung" *stärker personalisiert und durch das Leitmotiv „Begegnung" ergänzt*. Außerdem wird hier der Sakramentsbegriff noch stärker an Christus und die Kirche zurückgebunden: Sakramente sind Gottbegegnung durch Christus, das Ursakrament, in der Kirche, dem Universalsakrament. Diese Vorstellung haben vor allem *Otto Semmelroth* (1912–1979) und *Edward Schillebeeckx* (geb. 1914) herausgearbeitet, aber auch *Karl Rahner* (1904–1984) hat wesentliche Beiträge dazu geleistet. Man versteht in dieser Sichtweise die Sakramente keineswegs mehr als für sich bestehende, wenn auch von Christus eingesetzte „Heilsmittel", sondern sieht sie in engstem Zusammenhang mit der Kirche und letztlich mit Christus selber. Das Ursakrament der Gottbegegnung ist Jesus Christus. Sein Menschsein, sein Leben als Mensch, das durch Leiden, Tod und Auferstehung in die Herrlichkeit Gottes eingegangen ist, ist Zeichen und Ausdruck, und es ist zugleich wirkende Ursache einer neuen heilvollen Verbindung mit dem Gott des Heils, an der die Menschen als Schwestern und Brüder Jesu Christi Anteil erhalten sollen. *Vergegenwärtigt wird diese grundlegende Gottbegegnung in Jesus Christus durch die Kirche, die das Konzil darum auch „Universalsakrament des Heiles"*[75] genannt hat. Die Einzelsakramente wachsen gleichsam aus dem Wurzelsakrament Kirche hervor, in ihnen realisiert sich, was Kirche auf Grund des Heilswerkes Christi, was sie durch ihn und mit ihm ist und vermag. Gerade so sind sie nicht unpersönliche Heilsmittel, sondern wirksame Zeichen der freien, heilvollen Gottbegegnung des Menschen und zwar einer Gottbegegnung in Gemeinschaft.

Sakramente als symbolische Realisierungen

Wichtig für das Verständnis sakramentaler Symbole werden vor und nach dem Zweiten Vatikanischen Konzil philosophische und theologische Überlegungen zur Bedeutung symbolischen Ausdrucks überhaupt. Im Anschluss an den neukantianischen Philosophen *Ernst Cassirer* (1874–1945) und an den amerikanischen Philosophen *Alfred North Whitehead* (1861–1947) hat beispielsweise die amerikanische Philosophin und Musikerin *Susanne K. Langer* umfassend die Bedeutung des Symbols „im Denken, im Ritus und in der Kunst"[76] untersucht. Danach begreift der Mensch sich selbst und seine Welt nicht im diskursiven (schlussfolgernden) Denken allein, *sondern auch durch die Um- und Einformung der zunächst einmal chaotischen Eigen- und Weltwirklichkeit in Symbole*, durch symbolische Transformation. Erst lebenstragende und lebensordnende Symbole, besonders religiöse Symbole, geben dem Leben Sinn, Farbe, Richtung und Bedeutungsfülle: „Ein Leben, welches gar nichts an Ritual, an Geste ... in sich schließt, hat keine geistige Verankerung. Es ist prosaisch bis zum Punkte totaler Gleichgültigkeit."[77] So braucht auch unsere Zeit „Lebenssymbole: die Wurzeln des Sakramentes"[78].

Noch stärker in die Theologie eingebracht hat diese Wertung des Symbols wiederum Karl Rahner. Nach ihm verwirklicht sich der Mensch nicht als reiner Geist wie im platonischen Denken, *sondern nur im „Ursymbol" seines Leibes*. Diese anthropologische Grundeinsicht lässt sich auf Christus, die Kirche, die Sakramente übertragen: Die Gnade Gottes als Gemeinschaft mit Gott und Gemeinschaft der Menschen verwirklicht sich nur als Heil der Menschen, *wenn sie sich darstellt, greifbaren, leibhaftigen Ausdruck findet: in Christus, in der Kirche, in den Sakramenten*. Auch aus der Literatur- und Kunstwissenschaft kommt eine entsprechende, für das Verständnis der Sakramente hilfreiche Einsicht: Danach vermag sich Sinn in diskursiver Rede allein nicht angemessen zu erschließen, *aber im Bild, im Kunstwerk gewinnt er reale Gegenwart*.[79] Das Verständnis der Sakramente könnte – wie es auch die Urheber dieser These andeuten – durch eine solche „Ästhetik der Anwesenheit", die sich im Übrigen mit der ostkirchlichen Überzeugung von der vergegenwärtigenden Kraft der Ikone[80] eng berührt, nur bereichert werden.

Sakramente als Heil in den Grundsituationen menschlichen Lebens

Wenn man die Ausdruckskraft der einzelnen sakramentalen Symbole in den Blick nimmt, so wird man leicht feststellen, *dass diese auf entscheidende Lebenssituationen bezogen sind, die man auch Grundsituationen oder Knotenpunkte des Lebens genannt hat*.[81] Diese Grundsituationen: Geburt und Tod, Erwachsenwerden und Krankheit, Stärkung im Mahl und Geschlechtlichkeit, aber auch die Führungsbedürftigkeit menschlicher Gemeinschaften, sind nicht Fakten wie andere auch, sondern darin geschieht etwas, was zutiefst das

Glücken menschlichen Lebens betrifft. Sie sind schon natürlicherweise Symbole für die unendliche Verheißung, aber auch für die Fragwürdigkeit und Bedrohtheit menschlichen Lebens. In allen Kulturen hat man diese Grundsituationen des Menschen, die gleichsam *Primärsymbole* darstellen, in *Sekundärsymbolen* zu deuten versucht: um ihren Sinn zu verdeutlichen, um Angst zu bannen und Hoffnung zu stärken. Genau dies tun auch die sieben Sakramente, aber nun im vollen Licht der Offenbarung Gottes, in der vollen Kraft seines Heilshandelns durch Jesus Christus.

Sakramente als Kommunikationsgeschehen

Wichtige Deutungen des Wirkens der Sakramente legen den Schwerpunkt auf ihren Kommunikationscharakter.[82] *Sie verstehen die Sakramente als „kommunikative Handlungen der Kirche".* Zugrunde liegt die schon illustrierte Beobachtung, dass Symbole und symbolische Handlungen für das Zustandekommen, den Zusammenhalt und die Lebendigkeit einer jeden Gruppe oder Gemeinschaft von grundlegender Bedeutung sind. So haben Vereine ihren Aufnahmeritus, Parteien ihre Farben, selbst Frisuren können Zusammengehörigkeitsgefühle zum Ausdruck bringen. Diese Symbole wirken, indem sie Verbindung schaffen, die Identität, Werte, Ziele und Visionen einer Gemeinschaft bewusst machen und so den Einzelnen in das Ganze der Gemeinschaft einbeziehen.

Wenn christliches Heil, die Gnade, wesentlich etwas mit geglückter Gemeinschaft, Gemeinschaft der Menschen mit Gott und untereinander zu tun hat, *dann kann man zur Erklärung der sakramentalen Symbolhandlungen und ihrer Wirksamkeit auf dieses Verstehensmodell zurückgreifen.* Dabei gehen die Autoren unterschiedliche Wege: Manche suchen die Sakramente und ihr Wirken mit dem Instrumentarium moderner *Kommunikationstheorie* als Geschehen innerhalb des Dreiecksschemas Sender-Empfänger-Medium zu deuten, das – „getragen von der Selbstmitteilung Gottes in Christus und seinem Geiste" – „zum Christusglauben berufene Menschen in die Austauschbewegung der je konkreten Gemeinde eintreten" und so „auf dem Weg zu ihrer Selbstwerdung vorankommen" lässt.[83] Andere verstehen die Sakramente als *„Figuren gemeinsamen Lebens"*[84], ohne die christliche Gemeinde keinen Bestand haben könnte. „Unter den vielfältigen kommunikativen Handlungen gibt es einige, die für eine bestimmte Gruppe konstitutiv (existenzgrundlegend) sind. In und durch ihren Vollzug entsteht und erhält sich die Gruppe. Ohne diese kommunikativen Handlungen gäbe es auch die Gruppe nicht. Bei diesen konstitutiven Handlungen handelt es sich um Figuren gemeinsamen Lebens. Nur vermittels dieser Figuren erbildet sich ein solches Leben. Nur im immer erneuten Vollzug dieser Figur des Lebens bleibt es bestehen."[85] Solche Figuren des Lebens stellen auch die Sakramente dar. Was sie von allen anderen kommunikativen Handlungen unterscheidet, ist die Tatsache, *dass Gott selber sie in Jesus Christus begründet hat, dass er so ein neues Miteinander der Menschen schafft, welches auch die einzelnen Gläubigen umgestaltet und zu einem neuen Handeln bestimmt.*

Sakramente als Heilsgeschehen in Fest und Feier

Ein mit dem zuletzt genannten verwandter Weg, Zugang zum Wirken der Sakramente zu finden, *führt über die menschliche Grundwirklichkeit von Fest und Feier.* Dieser Zugangsweg legt sich aus doppeltem Grund nahe: Fest und Feier spielen im Leben des heutigen Menschen eine große Rolle. Und: Der Feier- und Festcharakter der Sakramente wird durch ihre Einbettung in die Liturgie der Kirche verbürgt, ein Gedanke, der in den Ostkirchen lebendiger geblieben ist als in der Westkirche: Dort wird jede liturgische Feier verstanden als „Teilhabe an der ‚himmlischen Liturgie', die im gottesdienstlichen Vollzug Gegenwart wird"[86]. – *Wenn man Fest und Feier als Verständnisschlüssel für die Sakramente nimmt, so kann man sowohl dem Individual- wie dem Sozialcharakter der Sakramente besonders gut gerecht werden.* Was wirken sie gerade in ihrem spielerischen, zweckfreien Charakter? Im Beisammensein der festlichen Freude oder der besinnlichen Feier (beim Mahl, beim Tanz, ja sogar in der „Trauerfeier" – auch davon spricht man zu Recht) wird in worthaften (verbalen) und nichtworthaften (nonverbalen) Zeichen und Gesten mitmenschliche Gemeinschaft ausgedrückt, begründet oder genährt. Der Einzelne erfährt gehobenes Leben, neues Ganz-sein-Können; er wird getröstet. Der Einzelne und die Gemeinschaft können ein neues Lebensgefühl erhalten. Wenn solches Feiern nun im Namen Jesu geschieht, wenn es von seinem Wort und Werk ermöglicht und ermächtigt ist, *wenn so Gott in dieses Feiern gleichsam als Ermöglichungsgrund einbezogen ist, dann ereignet sich in ihm Heil.* Die Erfahrungen gehobenen Lebens und geglückter Gemeinschaft sind durch Gott, der sein wirksames Dabeisein im Heiligen Geist gerade für die Sakramente verheißen hat, nicht leere Träume, sie erhalten vielmehr Grund für Gegenwart und Zukunft, Grund, auf den sich das Leben immer neu in Hoffnung bauen lässt. Aus ihnen erwachsen die für das Leben und Zusammenleben notwendigen Visionen.

Freilich ist auch bei diesem Zugangsweg zum Verständnis der Sakramente zu beachten: Keine einzelne der beschriebenen Verstehensmöglichkeiten kann für sich allein genommen die Wirklichkeitsfülle der Sakramente angemessen erschließen. Näher kommt man diesem Ziel nur, *wenn man die verschiedenen Erschließungsversuche sinnvoll miteinander zu verbinden sucht.* So spielt etwa in der Sakramententheologie *Joseph Ratzingers*[87] der Festgedanke zusammen mit anderen Elementen des Sakramentenverständnisses eine Rolle. Ratzinger zeigt, wie im symbolischen Geschehen der Sakramente, die zugleich den Charakter des Festes haben, die Schöpfung und die Dimensionen der Geschichte versammelt, auf Christus hin gedeutet und von Christus her ins Heil gebracht werden. – Mit anderer Akzentsetzung weist der südamerikanische Theologe *Francisco Taborda* vor allem auf den Zusammenhang von Fest und (auch gesellschaftsverändernder) Praxis hin: Das Handeln Gottes durch Jesus Christus wird in der sakramentalen Feier von der Gemeinschaft der Glaubenden empfangend entgegengenommen: Gerade so treibt es die Christen zum Handeln in der Welt.[88]

Typen theologischer Entfaltung im Sakramentenverständnis

Der gemeinsame Rahmen: Ansatz beim Zeichen- oder Symbolcharakter der Sakramente aus der Einsicht in die hohe anthropologische Bedeutung von Symbolen, zugleich Ansatz beim Liturgiecharakter der Sakramente

Erste Entfaltung	Sakramente als Gottbegegnung durch Christus, das Ursakrament, in der Kirche, dem Universalsakrament
Zweite Entfaltung	Sakramente als symbolische Realisierungen
Dritte Entfaltung	Sakramente als Heil in den Grundsituationen menschlichen Lebens
Vierte Entfaltung	Sakramente als Kommunikationsgeschehen
Fünfte Entfaltung	Sakramente als Heilsgeschehen in Fest und Feier

Der Grundplan und die Baustellen

Nach der auf der Grundlage des Zweiten Vatikanischen Konzils geläuterten und entfalteten Tradition der Kirche sind die Sakramente von Gott her durch Jesus Christus im Heiligen Geist wirksame Symbolhandlungen, die sich in einer Interaktion – dem gemeinsamen und aufeinander bezogenen Handeln von Sakramentenspender und Sakramentenempfänger – ereignen. Von diesem Beziehungsgeflecht muss in kurzer Zusammenfassung weiter die Rede sein, *ist doch gerade hier in Bewusstsein und Praxis noch manche Fortentwicklung vonnöten.* Ähnliches gilt für die folgenden Fragen: Wie kann und muss man die Gnade, das Heil, welche die Sakramente vermitteln, verstehen, so dass sie wirklich einen existentiellen Bezug zur Situation des Empfängers erhalten? – Welche Vollmacht bezüglich der Sakramente darf die Kirche für sich in Anspruch nehmen? – Wie ist das Verhältnis von Wort (Gottes) und Sakrament, sowie von Sakramenten und Sakramentalien näher zu bestimmen? – Schließlich und nicht zuletzt: Gibt es im Sakramentenverständnis ökumenische Annäherungen, und welche Wege sind hier möglicherweise aussichtsreich?

Der Sakramentenspender

Zunächst soll noch einmal vom *Sakramentenspender* die Rede sein: Wer kann und darf nach katholischem Verständnis Sakramente spenden? Dies sei in einem kleinen Übersichtsschema vor Augen geführt:

Wer Sakramente spenden kann und darf

Sakrament	Spender
Taufe	Ordentlicher Spender der (feierlichen) T.: Bischof, Priester, Diakon. Im Notfall kann taufen, wer sich die Intention der Kirche zu Eigen macht.
Firmung	Ursprünglicher (originärer) Spender ist der Bischof. Außerordentlicher Spender ist der Priester, dem diese Vollmacht übertragen wurde.
Eucharistie	Die Konsekrationsvollmacht haben Bischof und Priester. Austeilung der konsekrierten Gestalten von Brot und Wein kann durch kirchlich damit beauftragte Männer und Frauen erfolgen.

Bußsakrament	Der Bischof und der Priester, der außer der Weihe auch die Rechtsprechungsgewalt besitzt. Erstere ist mit der Priesterweihe gegeben, die Jurisdiktion muss nach entsprechenden Rechtsnormen übertragen sein.
Krankensalbung	Bischof und Priester.
Weihesakrament	Der Bischof; bei der Bischofsweihe im Allgemeinen mit zwei mitweihenden Bischöfen.
Ehesakrament	Jeder der beiden Ehepartner jeweils für den anderen, so jedenfalls die überwiegende Auffassung der Westkirche.

Was in der Übersicht aufgeführt ist, das sind fast ausnahmslos *die objektiven Voraussetzungen*, die beim Spender gegeben sein müssen, damit er gültig und fruchtbringend ein Sakrament spenden kann. In der Tat, subjektiv braucht er lediglich die Absicht zu haben, das zu tun, was die Kirche mit der Sakramentenspendung beabsichtigt. Dass dies in den frühen Jahrhunderten so heraus gearbeitet wurde – es bedarf für eine wirksame Sakramentenspendung nicht der Rechtgläubigkeit und nicht der moralischen Heiligkeit des Sakramentenspenders –, ist sicher keine Fehlentwicklung: *Christus selber ist der eigentliche Sakramentenspender*, der von Menschen nur vergegenwärtigt wird, dem sie sozusagen Hand und Mund leihen. Seine untrügliche Verheißung ist es, dass man ihm und damit Gott auch durch einen total fehlerhaften Sakramentenspender zu seinem Heile begegnen kann. Das ist eine tröstliche Wahrheit, die im Grunde christliches Gemeingut ist. In diesem Sinne mag man die Lehrbestimmung des Konzils von Trient durchaus als positiv empfinden, so negativ sie auch formuliert ist: „Wer sagt, ein in einer Todsünde befindlicher Spender vollziehe oder erteile, selbst wenn er alles Wesentliche, was für den Vollzug oder die Erteilung des Sakramentes wichtig ist, beachtet, das Sakrament nicht: der sei mit dem Anathema belegt."[89]

So verheißungsvoll und tröstlich diese Lehre ist, sie darf doch – um es noch einmal zu betonen – *eines* nicht vergessen lassen, was sicher in der Vergangenheit allzu sehr in den Hintergrund getreten war: Der Sakramentenspender ist nicht wie ein Handwerker zu betrachten, der nur ein Instrument sachgemäß handhaben muss, damit es die angezielte Wirkung erbringt. *Er gehört auch in seiner Subjektivität voll in die sakramentale Symbolhandlung mit hinein.* Der Zeichencharakter der Sakramente, auf dem ihre Wirksamkeit aufruht, fordert das gläubige Engagement des Spenders, ja der ganzen Gemeinde. Wenn Sakramente wirklich Zeichenhandlungen von kommunikativem und interaktivem Charakter sind, dann kann es nicht gleichgültig sein, wie der Spender seine „Rolle" spielt: *Er muss sie innerlich und äußerlich glaubwürdig, überzeugt und möglichst überzeugend spielen*, wobei er sich freilich in seiner Schwachheit und Unzulänglichkeit ganz von dem primären Spender, Christus, getragen fühlen darf. Ähnliches gilt von der ganzen Gemeinde, deren tätige Teilhabe (*actuosa participatio*) bei jeder Sakramentenfeier eingefordert ist.

Der Sakramentenempfänger

Über die entscheidende Rolle des *Sakramentenempfängers* ist das Wichtigste schon gesagt worden: dass er sich der Begegnung mit dem heilschenkenden Herrn im Sakrament in Glaube, Hoffnung und Liebe öffnen darf und soll, wozu ihn eben diese Begegnung neu ermächtigt, worin sie ihn trägt. Gerade im Sakrament ist die biblische Bitte an Jesus „Ich glaube; hilf meinem Unglauben" (Mk 9,24) in spezieller Weise legitim und der Erhörung gewiss. – Noch etwas bleibt im Blick auf den Sakramentenempfänger neu zu bedenken: Wenn es auch immer zunächst der Einzelne ist, der im Sakrament Christus und durch ihn dem Gott des Heiles begegnet, so ist es doch nie der isolierte Einzelne. *Er empfängt das Sakrament als Glied der Gemeinde der Glaubenden, und er empfängt es immer auch für andere, die ihm verbunden und aufgetragen sind, er empfängt es für seine*

Welt. Das bedeutet Verpflichtung und Freude zugleich. – Wer aber kann und soll überhaupt die verschiedenen Sakramente empfangen? Und was sollte der Empfänger in das sakramentale Geschehen einbringen?

Wer ein Sakramente empfangen darf

Sakrament	Empfänger
Taufe	Jeder Mensch, der noch nicht getauft ist. Voraussetzung beim Erwachsenen ist der Glaube, der auch Reue über die begangenen Sünden einschließt.
Firmung	Der Getaufte, der noch nicht gefirmt ist, kann und soll die F. empfangen. Voraussetzung für den fruchtbaren Empfang ist der sog. Gnadenstand.
Eucharistie	Die Getauften im Stande der Gnade. Die Mitfeier der Eucharistie ist Sache der mündigen Christen. Den Empfang der Kommunion hat die Kirche auch den zu erstem Vernunftgebrauch gelangten Kindern zugestanden (in orientalischen Kirchen auch schon neugetauften Säuglingen in Weingestalt).
Bußsakrament	Der getaufte Sünder, der zum Vernunftgebrauch gekommen sein muss und dessen grundlegende Lebensverhältnisse dem nicht widersprechen. Von den Büßerakten Reue, Bekenntnis, Genugtuung, soweit sie möglich sind, hängen Fruchtbarkeit und Gültigkeit des Sakraments ab.
Krankensalbung	Der Getaufte, der in (entferntere) Lebensgefahr kommt wegen Krankheit oder Altersschwäche. Bei Bewusstlosigkeit genügt die Vermutung, dass der Christ das Sakrament gläubig empfangen wollte, wenn er könnte.
Weihesakrament	Der getaufte Mann. Die Weihestufen müssen in der Reihenfolge Diakonat, Presbyterat, Episkopat empfangen werden (beim Empfang mehrerer Weihestufen).
Ehesakrament	Jeder der beiden Ehepartner empfängt zugleich von dem jeweils anderen das Sakrament.

Wenn in der kirchlichen Sakramentenlehre die Unterscheidung von (nur) gültigem und (auch) fruchtbarem Empfang der Sakramente eine Rolle spielt, so hat es damit folgende Bewandtnis: Falls – besonders bei den Sakramenten, die ein so genanntes unauslöschliches Siegel einprägen: Taufe, Firmung und Weihesakrament – der Sakramentsempfänger nicht die entsprechende Disposition in den Sakramentsempfang einbringt, so bleibt das Sakrament doch nicht ohne Wirkung, auch wenn es nicht die Gnade als heilvolle Selbstmitteilung Gottes schenkt. Diese Wirkung, das unauslöschliche Siegel bzw. beim Ehesakrament das Eheband kann man als eine bleibende Bestimmung des Menschen verstehen, Gott und den Menschen entsprechend der Sinnrichtung des Sakramentes zu dienen, *zugleich als bleibende Verheißung Gottes, sich dem Sakramentsempfänger zu seinem Heile zu schenken und ihm Beistand zu gewähren, sobald dieser sich dem öffnet*. Bringt der Mensch die entsprechende Disposition in das Sakrament ein, so spricht man vom *fruchtbaren* Sakramentenempfang. – Diese im Kern berechtigte Unterscheidung wird man allerdings nicht mehr so starr anwenden dürfen, wie es in der Vergangenheit oft geschehen ist: Gott bestraft keinen Menschen, der ihn sucht, der glaubt oder wenigstens zu glauben versucht, mit „Gnaden- und das heißt Freundschaftsentzug", er wird dem Suchenden seinen Beistand nicht entziehen, wenn dieser sich nicht total selbst verschließt.

Die sakramentalen Symbolhandlungen

Die *sakramentalen Zeichenhandlungen*, die in der folgenden Übersicht für die einzelnen Sakramente benannt werden, setzen sich in der Regel aus einem *Wortelement*, der Spendeformel, und einem materialen *Handlungselement* zusammen – lediglich beim Ehesakrament besteht der entscheidende Teil des materialen Handlungselementes ebenfalls aus einer worthaften Erklärung.

Die sakramentalen Symbolhandlungen nach römisch-katholischem Ritus

Sakrament	Materiales Handlungselement	Wortelement (Spendeformel)
Taufe	Übergießen mit Wasser oder Eintauchen in Wasser, evtl. auch Besprengen mit Wasser	„N., ich taufe dich im Namen des Vaters und des Sohnes und des Heiligen Geistes."
Firmung	Auflegung der Hand, Salbung der Stirn mit Chrisam	„N., sei besiegelt durch die Gabe Gottes, den Heiligen Geist."
Eucharistie	Konsekration (Wandlung) von Brot und Wein – Essen des gewandelten Brotes und Trinken des gewandelten Weines	„Das ist mein Leib, der für euch hingegeben wird. – Nehmet und trinket alle daraus: Das ist der Kelch des neuen und ewigen Bundes, mein Blut, das für euch und für alle vergossen wird zur Vergebung der Sünden. Tut dies zu meinem Gedächtnis."
Bußsakrament	Ausdruck der Reue und Genugtuungsbereitschaft des bußwilligen Empfängers im Sündenbekenntnis – Ausstrecken der Hände des „Beichtvaters" (wenigstens der Rechten) über das Haupt des Gläubigen, Kreuzzeichen	„Gott, der barmherzige Vater, hat durch den Tod und die Auferstehung seines Sohnes die Welt mit sich versöhnt und den Heiligen Geist gesandt zur Vergebung der Sünden. Durch den Dienst der Kirche schenke er dir Verzeihung und Frieden. So spreche ich dich los von deinen Sünden im Namen des Vaters und des Sohnes und des Heiligen Geistes." – Der Gläubige

		antwortet mit „Amen".
Krankensalbung	Salbung von Stirn und Händen mit geweihtem Öl	„Durch diese heilige Salbung helfe dir der Herr in seinem reichen Erbarmen, er stehe dir bei mit der Kraft des Heiligen Geistes" (Salbung der Stirn). – „Der Herr, der dich von Sünden befreit, rette dich, in seiner Gnade richte er dich auf" (Salbung der Hände). – Beide Male antwortet der Empfänger mit „Amen".
Weihesakrament	Handauflegung	Ein längeres Gebet, das auf biblischem Hintergrund die Aufgaben der jeweiligen Weihestufe zum Inhalt hat („die entsprechenden Worte der zugehörigen Weihepräfation").
Ehesakrament	Erklärung bzw. Ausdruck des Ehewillens (Begleitend: Anstecken der Ringe)	„N., ich nehme dich an als meine Frau/ meinen Mann und verspreche dir die Treue in guten und in bösen Tagen, in Gesundheit und in Krankheit. Ich will dich lieben, achten und ehren, solange ich lebe." (Sog. „Großer Vermählungsspruch")

Bereits die Überschrift der Tabelle kann auf eine wichtige Gegebenheit hinweisen: *Die sakramentalen Symbolhandlungen sind in vielen Bestandteilen keine unabänderlichen Größen*. Sie können z. B. schon in den Riten der mit Rom unierten Ostkirchen eine andere Gestalt haben, noch mehr in den Riten der nicht unierten so genannten orthodoxen Kirchen. So gehört auch in den katholischen Ostkirchen wie in den orthodoxen Kirchen bei der Eucharistie die Epiklese, d. h. die Herabrufung des Heiligen Geistes über Brot und Wein, zur Wandlung wesentlich dazu. Trotzdem erkennt die katholische Kirche die Gültigkeit dieser Sakramente an. Überdies haben sich die Zeichenhandlungen einiger Sakramente auch in der römisch-katholischen Kirche im Lauf der Geschichte tief greifend geändert, so beispielsweise bei Firmung, Buß- und Weihesakrament.

Das lässt *Spielraum auch für weitere Änderungen*, vor allem bei den Spendeformeln (außer bei der biblisch begründeten Tauf-Spendeformel und wahrscheinlich bei der Eucharistie, wo zumindest die Einsetzungsworte nicht fehlen dürfen), wenn dies der Verständlichkeit und Zeichenkraft der sakramentalen Symbole dienen könnte.

Im Übrigen wird es darum gehen, die sakramentalen Symbolhandlungen im Gottesdienst selber überzeugend – *das heißt auch unter ästhetischen Aspekten – zu gestalten* und *sie in der Katechese der Kinder und Erwachsenen neuem Verständnis aufzuschließen*.[90] Die sakramentalen Symbolhandlungen müssen dabei ebenso Herz wie Hirn, Gefühl wie Verstand ansprechen, sie müssen, ohne verbindliche oder auch aus ästhetischen Gründen unaufgebbare Symboltraditionen in Frage zu stellen, für die Menschen unsrer Zeit mit- und nachvollziehbar sein oder doch gemacht werden. Dabei sollte man nicht vergessen, dass der Sinn für menschheitliche Ursymbole aus Natur und menschlichem Leben (Wasser, Mahl) möglicherweise bei vielen nur verschüttet ist und sich durch Meditation und entsprechende Erfahrungen leicht wieder erwecken lässt.

Die Wirkung der Sakramente

In diesem Zusammenhang ist auch noch einmal auf die Frage einzugehen, *was die Gnade, das Heil, die man von den Sakramenten erwarten darf, eigentlich für das Leben und Zusammenleben der Menschen bedeuten*. In der traditionellen katholischen Dogmatik wurde die Wirkung der Sakramente etwa in folgender Weise umschrieben: Sie verleihen bzw. vermehren die heiligmachende Gnade und geben ein Anrecht auf helfende Gnaden, die dem „Zweck" des jeweiligen Sakramentes entsprechen (dass Taufe, Firmung und Weihesakrament dem Menschen außerdem ein unauslöschliches Siegel – *character indelebilis* – einprägen, davon war bereits die Rede). Die heiligmachende oder habituelle Gnade bestimmt ein bekanntes traditionelles Dogmatikhandbuch als „dauernde übernatürliche Beschaffenheit der Seele, die den Menschen innerlich heilig, gerecht und Gott wohlgefällig macht ... Die aktuelle Gnade ... oder helfende Gnade (dagegen) ist eine vorübergehende übernatürliche Einwirkung Gottes auf die Seelenkräfte zur Verrichtung eines Heilsaktes, der entweder die Erlangung der heiligmachenden Gnade oder deren Erhaltung und Vermehrung bezweckt"[91].

Was hier über die Wirkung der Sakramente gesagt wird, hat einen reichlich abstrakten Charakter; *es bedarf der Übersetzung in das Denken und Empfinden unserer Gegenwart*. Was erwarten Menschen heute als belangvoll für ihre eigene Existenz? Es gibt sicher – im Grunde bei allen Menschen, aber oft mehr oder weniger verdeckt – *eine Sehnsucht nach Frieden und Einheit – nach Angenommenwerden, nach Liebe und Bejahung – nach Sinn – nach Hoffnung und Trost, möglicherweise noch über den Tod hinaus – schließlich nach Befreiung von der Angst, von lähmenden Ängsten.*[92]

Man darf die christliche Botschaft vom Heil, von der Gnade Gottes auf biblischer Grundlage durchaus als Antwort auf diese Heilssehnsüchte speziell auch unsrer Zeit verstehen, wofern man nur die Erfüllung dieser Sehnsüchte nicht zu vordergründig erwartet. Denn Gottes Heilsantwort kann durchaus auch oberflächliche, egoistische Wünsche und Erwartungen zurechtrücken und unsere eigentlichen Heilsbedürfnisse ins existentielle Licht stellen. Zu dem, was der Mensch zum Leben und Zusammenleben, zu seinem Glück, braucht, *gehört gewiss auch die Danksagung und das zweckfreie Lob Gottes, das Absehenkönnen von sich selber und seinen aktuellen Wünschen. Nur so kann das Leben glücken.*

Dies mitbedacht, lässt sich nicht zuletzt an den sakramentalen Symbolhandlungen ablesen: *Gott schenkt die Erfüllung menschlicher Heilssehnsüchte.* Heil lässt sich in der Tat beschreiben als Ermöglichung und Verwirklichung von Einheit ohne Uniformität, als Gemeinschaft der Verschiedenen, Geschwisterlichkeit, Freundschaft, Frieden in Gerechtigkeit, wobei dieser Frieden auch die Natur als Lebensraum des Menschen umfasst. Heil lässt sich aber auch beschreiben als Bejahung, Annahme und Liebe, die einer vom anderen erfährt und dem anderen gewährt, weil er selbst sie von Gott erfahren hat. Heil lässt sich weiterhin beschreiben als Erfahrung von Sinn menschlichen In-der-Welt-Seins und menschlicher Geschichte. Heil lässt sich endlich auch beschreiben als Heilung innerer und äußerer Mängel, als Vergebung, als Hoffnung auf ewiges Leben; es lässt sich erfahren als Trost. *In all diesen Facetten des Heiles ist schließlich die Befreiung von der Angst eingeschlossen*, von der Angst, die nicht nur in der Sicht *Eugen Drewermanns* (katholischer Theologe und Psychotherapeut) ebenso sehr eine Grundbefindlichkeit des Menschen wie auch die Krankheit unserer Zeit bedeutet. „Vor allem hat der Begründer der Psychoanalyse (S. Freud) gesehen, wie ungeheuer stark die Menschen sich nach Liebe und Geborgenheit sehnen und welche Angst sie befällt, wenn ihnen der Halt, ihr ‚Libidoobjekt', wie er nüchtern sagte, genommen wird … Das Gefühl der Angst bläht alles auf; es zwingt den Menschen, seine Ansprüche an sich selbst höher und höher zu schrauben … Das Gefühl seiner Wert-

Heil als Lebendigkeit, als Lebensfülle
„Der Auferstandene ruft die Menschheit zum Leben", so hat man dieses Fresko aus dem 14. Jahrhundert (in der Erlöserkirche zu Konstantinopel) betitelt. Das Heil, das Gott gerade auch durch die Sakramente – beginnend schon in dieser Welt und Geschichte, vollendet im Jenseits – schenken will, lässt sich mit dem Johannesevangelium zutreffend als „Fülle des Lebens" (vgl. Joh 10,10) zusammenfassend beschreiben.

losigkeit und Minderwertigkeit zwingt ihm immer dramatischere Formen der Überkompensation auf, bis dass es ihm aus lauter Angst so geht wie dem Frosch in der berühmten antiken Fabel, der es einem Stier an Macht und Größe gleichtun wollte und sich dabei so heftig aufblies, dass er platzte."[93] Von dieser Grundangst, die den Menschen in die überfordernde Selbstaufplusterung treibt, befreit letztlich allein der Glaube, dass Gott jeden Menschen, dass er die Menschen schöpferisch bejaht, gerade auch in ihrem zwischenmenschlichen Beziehungsgeflecht. Damit könnte aber auch die heute angesichts chancenreicher und zugleich erschreckender Globalisierungsentwicklungen zunehmende Zukunftsangst in der Wurzel überwunden werden.

Die Sakramente als wirksame Zeichen der schöpferischen, wandelnden Bejahung Gottes, die dem Menschen die Erfüllung seiner Grundsehnsüchte zuspricht und ihm damit seine Existenz erhellt: Das lässt sich an allen sakramentalen Symbolhandlungen ablesen, die im Übrigen auch durch ihren Einbezug von Elementen und „Früchten" der Natur Gottes Heilswillen für die ganze Schöpfung bezeugen.

Es lässt sich aber auch zeigen, dass einzelne Sakramente besonderen Aspekten des Heiles speziell zugeordnet werden können, ohne dass dies freilich exklusiv zu verstehen ist. Das eigentliche Sakrament der *Einheit* und des *Friedens* ist die Eucharistie. Die Taufe und speziell das Ehesakrament sind besonders der Heilswirklichkeit der *Liebe* zugeordnet. Für die Ehe ist das besonders deutlich. Die Taufe *reinigt, schafft neu*; Gott sagt unverbrüchlich „Ja" zum Getauften. Der Getaufte wird damit eingegründet *in den Dreifaltigen Gott, der die Liebe ist*, und zugleich in die geschwisterliche Gemeinschaft der Kirche. Vielleicht darf man dem Heilsgut *Sinn* besonders die Firmung zuordnen. Sie nimmt den Menschen in der Kraft des Heiligen Geistes in Dienst für ein Ziel, um dessentwillen zu leben es sich lohnt: den Dienst für andere in der Liebe Christi, biblisch gesprochen, für das Reich Gottes. Ähnliches lässt sich vom Weihesakrament sagen. – *Trost und Hoffnung* symbolisieren und bewirken das Bußsakrament und die Krankensalbung: In Situationen des Scheiterns und der Schwäche ermöglichen sie den neuen Anfang zugleich mit der Hoffnung, dass Gott es am Ende end-gültig gut machen wird.

Die kirchliche Vollmacht zur Sakramentenspendung

In welchem Ausmaß hat die Kirche über die Sakramente zu bestimmen, welche Vollmacht kommt ihr zu? Zunächst einmal ist festzuhalten: *Die Kirche weiß sich an den Ursprung der Sakramente in Christus gebunden.* Heilswirksame Zeichen von der Kraft der Sakramente, in denen man Gott nach seiner eigenen Verheißung mit Sicherheit begegnen kann, vermag die Kirche nicht ganz und gar selber zu erfinden. Wenn es Jahrhunderte gedauert hat, bis man die Siebenzahl der Sakramente erkannt, und noch länger, bis man sie lehramtlich verbindlich festgelegt hat, *so weiß sich die Kirche in diesem Erkenntnisprozess von dem ihr zugesagten Heiligen Geist Gottes geleitet*. Dies umso mehr, als man die sieben Sakramente als grundlegende Verwirklichungen des Universal- oder Wurzelsakramentes Kirche betrachten darf.[94] Schon der hl. Augustinus beispielsweise hatte diese mystische Sicht des Ursprungs der Sakramente angedeutet: Aus der geöffneten Seite des Gekreuzigten sind „die Sakramente hervorgeflossen, aus denen die Kirche gebildet wurde"[95].

Aus dem Bewusstsein ihrer engen Verbindung mit Christus heraus nimmt die Kirche andererseits für sich in Anspruch, *die ihr anvertrauten Sakramente liturgisch und rechtlich zu gestalten*. Dazu gehört es, „zu beurteilen oder festzulegen, was zu ihrer Gültigkeit erforderlich ist"[96] bzw. „zu entscheiden, was für die Erlaubtheit zur Feier, zur Spendung und zum Empfang der Sakramente und was zu der bei ihrer Feier einzuhaltenden Ordnung gehört."[97] Wenn die Sakramente wirklich kirchliche Symbolhandlungen mit besonderer göttlicher Heilsverheißung sind, wenn man in ihnen Jesus selbst sinnenfällig begegnen kann, wie er die Hände auflegt, die Segensworte über Brot und Wein spricht oder wie er vollmächtig sagt: „Deine Sünden sind dir vergeben", *dann darf solches Tun Christi und der Kirche nicht gleichsam ins Überall und Nirgendwo zerfließen*. Es muss in der Kirche Instanzen geben, die die äußeren Bedingungen für solche kirchlichen Zentralereignisse verbindlich umschreiben. Das hat seine Parallelen in jeder Gesellschaft: Nicht jeder kann in einer Gruppe oder Gemeinschaft einen wirksamen Sprechakt oder Symbolakt setzen (*speech act*) – beispielsweise eine Versammlung eröffnen oder schließen –, sondern nur, wer dazu die entsprechende Kompetenz besitzt.

Zwei Anmerkungen sind hier freilich noch vonnöten: Die kompetenten kirchlichen Instanzen sind entsprechend ihrer Vollmacht dazu verpflichtet, die Gestalt der Sakramentenspendung und die Bedingungen des Sakramentenempfangs *immer neu so festzulegen, dass sie dem Heilssinn der Sakramente bestmöglich gerecht werden.* So sagt doch selbst das kirchliche Gesetzbuch, das Heil der Menschen (*salus animarum*) müsse in der Kirche höchstes Gesetz sein (vgl. can. 1752 CIC). Das geschieht nicht immer in genügender Weise.

Man wird auch sicher im Glauben annehmen dürfen, dass der heilswillige Gott denen, die durch die Rechtsordnung – eine möglicherweise nicht genügend fortgeschriebene Rechtsordnung – am realen Sakramentenempfang gehindert sind, *aufgrund ihres Verlangens nach der Heilsgabe des entsprechenden Sakramentes (votum sacramenti) sein Heil schenken wird.*[98]

Wort, Sakrament, Sakramentalien – Weisen kirchlicher Heilsvermittlung

Die Sakramente sind eine zentrale, aber gewiss nicht die einzige Weise, wie Gott den Menschen sein Heil schenkt, auch wenn dies in der katholischen Kirche zeitweilig so erscheinen konnte. Es gab Zeiten, in denen man die katholische Kirche als *Kirche der Sakramente* und die evangelischen Kirchen als *Kirche des Wortes* glaubte zutreffend charakterisieren zu können. *Dass auch das Wort Gottes eine entscheidende Weise göttlicher Heilsvermittlung ist, diese zentrale Wahrheit musste jedenfalls in der katholischen Kirche erst wiederentdeckt werden.* Entsprechend stellte sich die Frage: Wie verhalten sich die eine und die andere Weise göttlichen Heilswirkens zueinander? – Anders war es bei Symbolhandlungen im Dienste des Heiles, die Ähnlichkeit mit den Sakramenten aufweisen, den so genannten Sakramentalien. Diese spielten in der katholischen Kirche seit alters eine große Rolle, so dass sich die Frage stellt, *was eigentlich die*

Sakramente und die Sakramentalien voneinander unterscheidet bzw. wie diese möglicherweise den Sakramenten zuzuordnen sind.

(1) Dass auch und gerade das Wort Gottes schöpferisch und heilschaffend ist, *ist eine biblische Grundüberzeugung*. Gott hat nach dem priesterschriftlichen Schöpfungsbericht die Welt durch sein Wort erschaffen (vgl. Gen 1,1–2,4a), das Wort des Evangeliums „ist eine Kraft *(dynamis)* Gottes, die jeden rettet, der glaubt" (Röm 1,16; vgl. Hebr 4,12f). *Das Heil, die Rechtfertigung kommt allein aus dem Glauben an das wirksame Wort Gottes*: Diese Überzeugung haben sich die Reformatoren des 16. Jahrhunderts zu Eigen gemacht. Die Sakramente (Taufe und Abendmahl) sind für sie vor allem „sichtbares Wort" *(verbum visibile)*, wie schon Augustinus sie nannte. Demgegenüber scheint das Konzil von Trient zwar alle Heilswirksamkeit den Sakramenten zuzuschreiben, „durch die jede wahre Gerechtigkeit beginnt, wächst oder nach dem Verlust wiederhergestellt wird"[99]. Es sagt aber doch vom Glauben, der vom Hören des Gotteswortes (vgl. Röm 10,17) kommt, er sei *„Beginn des Heils für den Menschen, Grundlage und Wurzel jeder Rechtfertigung"*[100]. Man muss also folgern: *Wort und Sakrament sind Urdaten, Grundweisen des Heilshandelns Gottes, mithin auch kirchlicher Heilsvermittlung.* – Theologen der Gegenwart haben versucht, die Sakramente als die *Höchstform des wirksamen (exhibitiven) Wortes* zu sehen (Karl Rahner), oder auch das Wort und seine Verkündigung vom Sakrament her zu verstehen *als Quasi-Sakrament* (Otto Semmelroth). Aber Wort und Sakrament können bei aller Verwandtschaft (beide sind auf unterschiedliche Weise Zeichen) nicht aufeinander zurückgeführt werden: *Beide haben eine unterschiedliche Art der Wirksamkeit und sind gerade so aufeinander bezogen.* Während das Wort, auch wenn es nicht nur informierendes, sondern zugleich realisierendes (performatives) Wort ist, sich in erster Linie an den Verstand des

Menschen wendet und in ihm dabei neue Möglichkeiten des Verstehens schafft, sind die Sakramente eine Kommunikationsweise zwischen Gott und den Menschen, die unmittelbar alle Schichten des Menschen schöpferisch ansprechen will und kann. *Sie sind darin dem Wirken des Kunstwerks verwandt.* Hier bleiben der Theologie wie der pastoralen Praxis sicher noch weitere Aufgaben: Die Eigenbedeutung der Sakramente als dialogisches Symbolgeschehen ist anthropologisch noch weiter zu erhellen und liturgisch ins Spiel zu bringen. Ebenso ist die Wirksamkeit des Wortes, das auch als menschliches Wort nicht nur informiert und Bedeutung vermittelt, sondern auch vergegenwärtigt und zwischenmenschliche (unter Umständen schöpferische) Begegnung schafft, neu zu bedenken und zu realisieren. So wird sich auch beider Bezogenheit und Zusammengehörigkeit weiter lichten können und nicht zuletzt im ökumenischen Gespräch fruchtbar werden.

(2) Neben den Sakramenten kennen die römisch-katholische Kirche und die Ostkirchen *weitere Zeichenhandlungen, die sie ebenfalls im Dienste des Heiles sehen, nämlich die so genannten Sakramentalien.* Was ist darunter zu verstehen? Sakramentalien sind nach kirchlichem Verständnis zeichenhafte Handlungen, die, von der Kirche eingeführt, kraft der Fürbitte und des Glaubens der Kirche wie auch kraft des Glaubens des Empfängers Gottes heilvolles Wirken sinnfällig bezeugen und zugleich zuwenden. Sie haben also eine ähnliche Struktur wie die Sakramente. Auch sie sind häufig aus Wort- und materialen Elementen zusammengesetzt.

Es sind recht vielgestaltige kirchliche Symbolhandlungen, die man als Sakramentalien bezeichnet. Aus kirchenrechtlicher Sicht zählen zu ihnen: „Weihungen und Segnungen (can. 1169 CIC), der gläubige Gebrauch des Weihwassers, des Weihrauchs, Prozessionen, Bittgänge, Kreuzzeichen, Kreuzverehrung, Fußwaschung, Exorzismus (can. 1172 CIC) und das kirchliche Begräbnis (can. 1176–85 CIC)."[101]

Diese Sakramentalien sind zum größeren Teil Bestandteile der Liturgie, des Gottesdienstes, der Kirche, manche von ihnen – wie der Gebrauch des Weihwassers – werden ihrer Bestimmung gemäß aber auch außerhalb des Gottesdienstes vollzogen.

Bisweilen ordnet man die vielgestaltigen Sakramentalien auch drei unterschiedlichen Kategorien zu: *Weihungen im engeren und eigentlichen Sinn, auch Konsekrationen genannt* (dazu zählt beispielsweise die Weihe einer Kirche oder eines Altares oder auch die Weihe eines Abtes bzw. einer Äbtissin); *Segnungen, auch Benediktionen genannt,* (hier wären dann sehr verschiedenartige Symbolhandlungen vom Gebrauch des Weihwassers über Kräuter- und Speisesegnungen bis zur Fußwaschung und Prozessionen unterzubringen); schließlich *Exorzismen* (Bannungen böser Mächte bzw. des Bösen, als so genannter „kleiner Exorzismus" beispielsweise Bestandteil der Taufliturgie, als „großer Exorzismus" nach eingehender Prüfung bei Besessenheitsphänomenen angewandt).

Wie unterscheiden sich diese *Sakramentalien*, von denen sich viele bereits im ersten Jahrtausend herausgebildet haben, von den Sakramenten? Die traditionelle Antwort auf diese Frage lautet: Während die Sakramente von Christus selber eingesetzt sind, wurden die Sakramentalien von der Kirche eingeführt, und während die Sakramente kraft ihres Vollzuges (*ex opere operato*) von Gott her wirken, bezeugen und schenken die Sakramentalien Gottes heilvolles Wirken *kraft der Fürbitte und des Glaubens der Kirche (ex opere operantis ecclesiae)* bzw. *kraft des Glaubens des Empfängers und möglicherweise des Spenders*, der nach heute geltendem Recht im Allgemeinen ein Kleriker sein muss, bei einigen Sakramentalien (z.B. Segnungen) aber auch Laie sein kann.[102] – Diese Antwort behält ihre Gültigkeit, wenn sie auch der Ergänzung bedarf: Die Einsetzung der Sakramente kann, wie gezeigt, in einzelnen Fällen nur in einer indirekten Rückführung auf den irdischen Jesus gesehen werden, während Jesus andererseits durchaus segnet und exorzisiert. Und bei den Sakramenten spielt ohne Zweifel der Glaube des Empfängers (*opus operantis*) eine größere Rolle, als man das in antireformatorischer Sicht wahrhaben wollte. – Das Zweite Vatikanische Konzil macht über die Sakramentalien folgende Aussagen:[103] Sie sind von der Kirche eingesetzt und wirken kraft ihrer Fürbitte; sie bereiten die Menschen vor, die Wirkung der Sakramente aufzunehmen; ihre Wirkung geht wie die der Sakramente vom Pascha-Mysterium aus; das konkrete menschliche Leben wird durch sie geheiligt, gerade auch in seiner Leibhaftigkeit und Materialität; sie helfen, dass bei den Glaubenden alles zum Heile dient und Gott zum Lobe gereicht.

So rückt das Konzil die Sakramentalien, die in der Liturgie eine wichtige Rolle spielen, in mancher Hinsicht näher an die Sakramente heran. *Wenn dabei die Herkunft der Wirkung der Sakramentalien vom Osterereignis und zugleich von der gläubigen Offenheit der Empfänger abhängig gesehen wird, so könnte das Anknüpfungspunkt für das Gespräch mit den Kirchen der Reformation sein, in denen der Segen eine große Rolle spielt.*

Zur Illustration seien Beispiele von Segensgebeten eingeblendet, speziell das Gebet zur Speisesegnung an Ostern, und das Gebet zur Segnung der Erntegaben. Das eigentliche Segensgebet, verbunden mit einer Segenshandlung, das dem Zelebranten (u. U. auch einem Laien) zukommt, ist jeweils in eine kurze Liturgie eingebettet, an der alle Anwesenden beteiligt sind.

1. Gebet zur Speisesegnung an Ostern: „Herr, du bist nach deiner Auferstehung deinen Jüngern erschienen und hast mit ihnen gegessen. Du hast uns zu deinem Tisch geladen und das Ostermahl mit uns gefeiert.
Segne (Kreuzzeichen über die Speisen) dieses Brot, die Eier und das Fleisch und sei auch beim österlichen Mahl in unseren Häusern unter uns gegenwärtig. Lass uns wachsen in der brüderlichen Liebe und in der österlichen Freude und versammle uns alle zu deinem ewigen Ostermahl, der du lebst und herrschest in alle Ewigkeit. (Alle) Amen. (Der Zelebrant besprengt die Speisen mit Weihwasser.)

2. Allmächtiger Gott, du hast Himmel und Erde erschaffen. Du hast dem Weltall eine Ordnung gegeben, die wir erkennen und bewundern. Du hast den Menschen dazu bestimmt, sich die Erde untertan zu machen, sie zu bebauen und ihren Reichtum recht zu nutzen. Wir freuen uns heute über die Ernte dieses Jahres.
Segne (Kreuzzeichen über die Früchte) diese Feldfrüchte, die wir dankbar aus deiner Hand empfangen haben. Lass auch die Armen und Hungernden den Reichtum deiner Güte erfahren und teilhaben an der Fülle deiner Gaben.
Darum bitten wir durch Christus, unseren Herrn. (Alle) Amen. (Der Zelebrant besprengt die Erntegaben mit Weihwasser.)[104]

(3) Für die einzelnen Arten von Sakramentalien ist im Besonderen zu bedenken: Wenn Weihungen eine spezielle Übereignung an Gott darstellen, dann darf dies nicht eine sakrale Ausgrenzung aus dem „Profanen" (dem, was außerhalb des Fanum, des Heiligtums, liegt) bedeuten: Geweihte Menschen und Bauten sollen gerade die Universalität der Erlösung durch Christus sinnenfällig bezeugen und ihr dienen. Ähnlich verhält es sich bei Segnungen oder beim Gebrauch gesegneter Gegenstände: *Sie sollen sinnfällige Hilfen sein, dass die erlösende Kraft christlichen Glaubens in allen Lebenssituationen, auch den widrigen, ergriffen und wahrgenommen werden kann.* Größere Schwierigkeiten bereiten heute die Exorzismen, „Bannungen", die sich gegen böse Mächte bzw. gegen den Teufel richten. Zugangsmöglichkeiten bieten Erfahrungen, die Menschen auch heute machen können: Der Mensch fühlt sich verstrickt ins Böse, aber auch geblendet und verblendet vom Bösen, er stößt auf Mauern des Hasses und der Menschenverachtung. Steckt dahinter nicht doch eine Macht des Bösen, vor der sich der Einzelne wie ohnmächtig fühlt? In ihrer Liturgie und darüber hinaus in bestimmten eng umgrenzten Fällen kann sich die Kirche wiederum sinnenfällig und wirksam *in Exorzismen zur größeren Macht Gottes bekennen und ihr so Raum schaffen.*

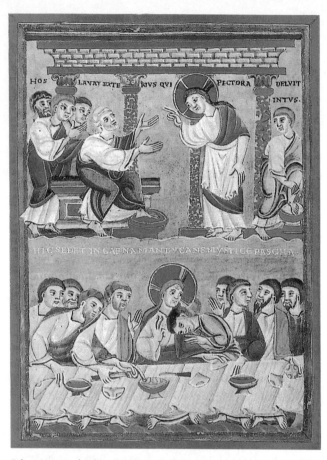

Sakramente und Sakramentalien – aufeinander bezogen
Dass Sakramente und Sakramentalien gerade in der Liturgie eng aufeinander bezogen sein können, zeigt exemplarisch die gemeinsame Darstellung von Fußwaschung und Abendmahl aus dem Evangelistar Kaiser Heinrichs III. (um 1040), in der sich ebenso die entsprechende biblische Szene des Johannesevangeliums wie die liturgische Praxis des Gründonnerstags spiegeln.

Die ökumenische Sonderbaustelle

Schließlich bleibt noch die Frage: Gibt es im Sakramentenverständnis ökumenische Annäherungen, und welche Wege sind aussichtsreich?

(1) Bei interkonfessionellen Gesprächen über die Sakramente geht es meist um das Verständnis der Einzelsakramente, vor allem von Taufe und Eucharistie. Hier lassen sich in zahlreichen Konsensdokumenten und Ergebnisberichten unterschiedlicher Gesprächspartner *erkennbare Fortschritte auf dem Weg zur Einheit der Kirchen* ausmachen. Seltener geht es dabei um die Sakramente im Allgemeinen.

(2) Trotzdem finden sich in einzelnen dieser Dokumente und Berichte auch Aussagen, die alle Sakramente betreffen.[105] Auf diesem Hintergrund lässt sich sagen: Über Sakramente und Sakramentenverständnis herrscht noch keine volle Einigkeit mit den Kirchen der Reformation, *vorab hinsichtlich der Zahl der Sakramente*. Aber es können doch Annäherungen sichtbar werden. Die katholische Kirche hebt seit dem Zweiten Vatikanischen Konzil neben dem Wirk- auch den Verkündigungscharakter der Sakramente hervor. Für die protestantische Seite ergibt sich die Frage, ob man einseitig nur dem Wort, dem gesprochenen und geschriebenen, die Aufgabe der zum rechtfertigenden Glauben führenden Verkündigung zubilligen darf oder ob dies nicht ähnlich für die Sprache der Zeichen und Symbole gelten muss. Hier dürften sich auch auf reformatorischer Seite anthropologische Einsichten über das Wirken der Sakramente anbahnen, die deren auch die Tiefenschichten des Menschen erfassendem und kommunikationsstiftendem Charakter Rechnung tragen. Obwohl dies sicher nicht die einzig mögliche Verstehensweise ist, gibt es, wie gesagt, katholische Theologen, die gerade in den Sakramenten die Höchstform des Vergebung und Rechtfertigung bzw. Heil schaffenden Wortes Gottes sehen (so Karl Rahner) und damit vielleicht einen dialogfördernden Gedanken in

das ökumenische Gespräch über die Sakramente einbringen.

(3) Im wechselseitigen Verstehen weiterführen kann schließlich die Neubelebung einer schon im Mittelalter gültigen theologischen Unterscheidung, *nämlich der von „größeren" oder Hauptsakramenten (sacramenta maiora) und von „kleineren" Situationsskramenten (sacramenta minora)*. Ein wachsendes Einverständnis über die Hauptsakramente von Taufe und Eucharistie kann mehr Gelassenheit geben, auch über eine mögliche Glaubens- und Heilsfunktion der „kleineren" Sakramente im menschlichen Leben bzw. Zusammenleben nachzudenken, selbst wenn man diese Glaubens- oder Heilszeichen nicht als Sakramente bezeichnen möchte. Dass beispielsweise auch in evangelischen Kirchen der christlichen Eheschließung, der Konfirmation, der Ordination und der Krankensegnung ein solcher Heils- und Verheißungs-, *ein „Einsegnungs"-Charakter* zugesprochen wird, sollte nicht übersehen werden. Die schon erreichte Übereinstimmung in der Sakramentenlehre kommt in einem Konsenspapier zum Ausdruck, das unter dem Titel „Communio sanctorum – die Kirche als Gemeinschaft der Heiligen" von der „Bilateralen Arbeitsgruppe der Deutschen Bischofskonferenz und der Kirchenleitung der Vereinigten Evangelisch-Lutherischen Kirche Deutschlands" erarbeitet und am 4. September 2000 veröffentlicht wurde:

> „(82) Wenn die römisch-katholische Kirche – wie auch die orthodoxen Kirchen – sieben Sakramente zählt, dann ist diese Siebenzahl als Ausdruck der Fülle zu verstehen. In den Sakramenten erreicht Gottes Gnade die Menschen an existentiell bedeutsamen Punkten ihres Lebens. Gleichwohl kennt die katholische Theologie Unterschiede zwischen den einzelnen Sakramenten, und zwar sowohl im Blick auf die Situation, in der sie gefeiert werden, als auch im Blick auf die Gaben, die sie vermitteln. Taufe und Herrenmahl werden als Hauptsakramente (sacramenta maiora) hervorgehoben. Auf sie sind die übrigen Sakramente (sacramenta minora) bezogen, denn in allen Sakramenten wird das Leben mit Christus

entfaltet, das in der Taufe gegründet ist, und dessen Quelle und Mitte die Eucharistie ist.

(83) Die lutherische Kirche bejaht und vollzieht entsprechende gottesdienstliche Handlungen in bestimmten Lebenssituationen: Konfirmation, Trauung, Krankensegnung (mit Krankensalbung). Sie versteht diese als Segenshandlungen. Sie unterscheidet sie von Taufe und Abendmahl und sieht sie zugleich auf Taufe und Abendmahl hingeordnet. Sie hält es für angemessen, die grundlegende Bedeutung von Taufe und Abendmahl durch den Begriff ‚Sakrament' hervorzuheben. Auch die Beichte wird wegen des wirksamen Zuspruchs der Vergebung (Absolution) im Augsburgischen Bekenntnis und in der Apologie zu den Sakramenten gerechnet. Wenngleich sich diese Bezeichnung für die Beichte nicht generell durchgehalten hat, so steht der sakramentale Charakter des Absolutionswortes außer Frage. Darüber hinaus wird in der Apologie die Möglichkeit erwogen, die Bezeichnung ‚Sakrament' auch auf andere kirchliche Handlungen, z. B. die Ordination, anzuwenden. So hat die lutherische Kirche weder den eigenen Sakramentsbegriff abschließend definiert noch andere Auffassungen mit Verwerfungen belegt. Sie sieht es deshalb auch nicht als kirchentrennend an, wenn andere Kirchen die Bezeichnung ‚Sakrament' in einem weiter gefassten Sinne anwenden.

(84) Gemeinsam können wir sagen:
1. Taufe und Abendmahl sind in ihrer grundlegenden Bedeutung für die Heilszueignung und die Gliedschaft am Leibe Christi hervorgehoben.
2. Die weiteren gottesdienstlichen Handlungen, die in der römisch-katholischen Kirche als Sakramente gelten, und die entsprechenden liturgischen Handlungen in der lutherischen Kirche sind auf Taufe und Abendmahl hingeordnet.

(85) Die Frage, welches Gewicht der unterschiedliche Gebrauch der Bezeichnungen ‚Sakrament' und ‚Segenshandlung' hat, bedarf weiterer Reflexion auf der Grundlage der bereits erfolgten Vorarbeiten. Dabei empfiehlt es sich, von den einzelnen Handlungen auszugehen, von ihrer historischen Entwicklung, ihrer liturgischen Gestalt und ihrem theologischen Verständnis. Auf diesem Wege könnte es zu einem differenzierten Sakramentsbegriff kommen, der konsensfähig ist."[106]

(4) Mit den Ostkirchen gibt es im Sakramentenverständnis weitgehende Übereinstimmung, *die durch den Einfluss der Mysterientheologie noch vertieft worden ist.* Unterschiede bei einzelnen Sakramenten (z. B. bei Bußsakrament und Krankensalbung) fallen demgegenüber weniger ins Gewicht. Das Gespräch mit der ostkirchlichen Sakramententheologie kann auch dem Westen große Anregungen bringen,[107] nicht zuletzt durch deren *„pneumatologische Sicht, die den Heiligen Geist als den Bewirker des durch menschliche Handlungen und Zeichen angedeuteten Geschehens ansieht"*[108].

5. Wie sich aus den Sakramenten leben und miteinander leben lässt

Glauben bedeutet nach der Urbedeutung des entsprechenden hebräischen Wortes (aman) *ein Sich-fest-Machen, ein Standgewinnen im lebendigen Gott*: Das Leben und das Zusammenleben der Menschen gewinnt im Glauben einen tragfähigen Grund. Das ist, auch nach dem Zeugnis des Alten Testamentes, nicht als ein statischer, ein für allemal abschließbarer Vorgang zu verstehen – man nimmt eben einen festen, unverrückbaren Glaubensstandpunkt ein und bewegt sich nicht mehr: Der Standpunkt ist manchmal dort, wo der Horizont gleich null ist. *Dieses In-Gott-Stand-Gewinnen geschieht auf einem lebenslangen Weg, der dadurch ermöglicht wird, dass Gott selber – Jahwe, der Gott des Weges – ihn mitgehen will und mitgeht.* Das Mitgehen Gottes als Möglichkeit, immer neu in Gott Stand zu gewinnen, von seiner Lebens- und Liebesfülle her gegründet zu werden, erweist sich und verwirklicht sich – nicht allein, aber doch wesentlich – in den Sakramenten. *So sind sie die guten, hilfreichen Begleiter des menschlichen Lebensweges*, der gewiss auf ein Ziel hinführt, hinführen soll: das ewige Leben, der aber auch seinen Sinn in sich selber hat. Auch für die „Lebensreise" mag ein Goethewort gelten, das zunächst paradox erscheint: „Man reist ja nicht, um anzukommen, sondern um zu reisen."[109] Was bedeuten die Sakramente für den Weg menschlichen Lebens?

(1) Einen Hinweis kann noch einmal ein schon teilzitierter Goethetext aus dem siebten Buch von „Dichtung und Wahrheit" geben:

> „Hier reicht ein jugendliches Paar sich einander die Hände, nicht zum vorübergehenden Gruß oder zum Tanze; der Priester spricht seinen Segen darüber, und das Band ist

unauflöslich. Es währt nicht lange, so bringen diese Gatten ein Ebenbild an die Schwelle des Altars; es wird mit heiligem Wasser gereinigt und der Kirche dergestalt einverleibt, dass es diese Wohltat nur durch den ungeheuersten Abfall verscherzen kann. Das Kind übt sich im Leben an den irdischen Dingen selbst heran, in himmlischen muss es unterrichtet werden. Zeigt sich bei der Prüfung, dass dies vollständig geschehen sei, so wird es nunmehr als wirklicher Bürger, als wahrhafter und freiwilliger Bekenner in den Schoß der Kirche aufgenommen, nicht ohne äußere Zeichen der Wichtigkeit dieser Handlung ... Aber inzwischen ist ihm als Menschen manches Wunderliche begegnet, durch Lehren und Strafen ist ihm aufgegangen, wie bedenklich es mit seinem Innern aussehe ... Hier ist ihm nun in der unendlichen Verworrenheit, in der er sich bei dem Widerstreit natürlicher und religiöser Forderungen verwickeln muss, ein herrliches Auskunftsmittel gegeben, seine Taten und Untaten, seine Gebrechen und seine Zweifel einem würdigen, eigens dazu bestellten Manne zu vertrauen, der ihn zu beruhigen, zu warnen, zu stärken, durch gleichfalls symbolische Strafen zu züchtigen und ihn zuletzt, durch ein völliges Auslöschen seiner Schuld, zu beseligen, und ihm rein und abgewaschen die Tafel seiner Menschheit wieder zu übergeben weiß. So, durch mehrere sakramentliche Handlungen, welche sich wieder, bei genauerer Ansicht, in sakramentliche kleinere Züge verzweigen, vorbereitet und rein beruhigt, kniet er hin, die Hostie zu empfangen ..."[110]

Diese von Goethe auch für die übrigen Sakramente fortgesetzte „Katechese" über den lebensbegleitenden Charakter der Sakramente, den „glänzenden Zirkel gleichwürdig heiliger Handlungen, deren Schönheit von uns nur kurz angedeutet worden"[111], kann darauf hinweisen, *dass und wie die Sakramente den grundlegenden Lebenssituationen, den „Knotenpunkten" menschlichen Lebens zugeordnet sind* und in welcher Weise sie für das Leben und Zusammenleben hilfreich sein könnten. Wichtige Hinweise dazu gibt auch ein Schlüsseltext aus der Kirchenkonstitution des Zweiten Vatikanischen Konzils, der hier im Zusammenhang vorgelegt werden soll.

„Durch die Taufe der Kirche eingegliedert, werden die Gläubigen durch das Prägemahl zur christlichen Gottesverehrung bestellt, und, wiedergeboren zu Söhnen Gottes, sind sie gehalten, den von Gott durch die Kirche empfangenen Glauben vor den Menschen zu bekennen. Durch das Sakrament der Firmung werden sie vollkommener der Kirche verbunden und mit einer besonderen Kraft des Heiligen Geistes ausgestattet. So sind sie in strengerer Weise verpflichtet, den Glauben als wahre Zeugen Christi in Wort und Tat zugleich zu verbreiten und zu verteidigen. In der Teilnahme am eucharistischen Opfer, der Quelle und dem Höhepunkt des ganzen christlichen Lebens, bringen sie das göttliche Opferlamm Gott dar und sich selbst mit ihm; so übernehmen alle bei der liturgischen Handlung ihren je eigenen Teil, sowohl in der Darbringung wie in der heiligen Kommunion, nicht unterschiedslos, sondern jeder auf seine Art. Durch den Leib Christi in der heiligen Eucharistiefeier gestärkt, stellen sie sodann die Einheit des Volkes Gottes, die durch dieses hocherhabene Sakrament sinnvoll bezeichnet und wunderbar bewirkt wird, auf anschauliche Weise dar. – Die aber zum Sakrament der Buße hinzutreten, erhalten für ihre Gott zugefügten Beleidigungen von seiner Barmherzigkeit Verzeihung und werden zugleich mit der Kirche versöhnt, die sie durch die Sünde verwundet haben und die zu ihrer Bekehrung durch Liebe, Beispiel und Gebet mitwirkt. Durch die heilige Krankensalbung und das Gebet der Priester empfiehlt die ganze Kirche die Kranken dem leidenden und verherrlichten Herrn, dass er sie aufrichte und rette ..., ja sie ermahnt sie, sich bewusst dem Leiden und dem Tode Christi zu vereinigen ... und so zum Wohle des Gottesvolkes beizutragen. Wer sodann unter den Gläubigen die heilige Weihe empfängt, wird im Namen Christi dazu bestellt, die Kirche durch das Wort und die Gnade Gottes zu weiden. Die christlichen Gatten endlich bezeichnen das Geheimnis der Einheit und der fruchtbaren Liebe zwischen Christus und der Kirche und bekommen daran Anteil ... Sie fördern sich kraft des Sakramentes der Ehe gegenseitig zur Heiligung durch das eheliche Leben sowie in der Annahme und Erziehung der Kinder und haben so in ihrem Lebensstand und in ihrer Ordnung ihre eigene Gabe im Gottesvolk ... Aus diesem Ehebund nämlich geht die Familie hervor, in der die neuen Bürger der menschlichen Gesellschaft geboren werden, die durch die Gnade des Heiligen Geistes in der Taufe zu Söhnen Gottes gemacht werden, um dem Volke Gottes im Fluss der Zeiten Dauer zu verleihen."[112]

(2) Wenn man die Sakramente als die großen wirksamen Wegzeichen des Glaubensweges betrachtet, so ist grundlegend mit dem Zweiten Vatikanischen Konzil zu sagen: *Die Sakramente setzen den Glauben voraus, stehen also in der Regel nicht am Anfang dieses Weges, sie nähren aber zugleich den Glauben, können ihn sogar wecken.* Sie stehen nicht am Anfang des Glaubensweges: Um die Sakramente als wirksame Zeichen des Heiles Gottes für die Menschen recht würdigen zu können, muss man im Normalfall schon positive Antworten auf die Frage nach Gott, nach Christus, nach der Kirche existentiell und in theologischem Nachdenken gewonnen haben. Wem das alles nichts bedeutet, dem wird sich auch die Bedeutung der Sakramente im Allgemeinen kaum erschließen. Vielleicht vermag der Weg aber auch gelegentlich einmal – und gar nicht so selten – umgekehrt zu verlaufen. „Glaube, Hoffnung und Liebe können schon gegeben sein, bevor sie ausdrücklich auf Gott bezogen werden. Der Einzelne kann sie erfahren als Bewegung, die in ihm wirkt, ohne dass er Ziel und Grund dieser Bewegung benennen könnte, und sie erst später erkennen und bejahen als Bewegung auf Gott hin. In diesem Fall kann für ihn die sakramentale Feier ein Weg zur ‚Entdeckung' Gottes werden."[113] *Auch durch die Erfahrung der in Gemeinschaft gefeierten sakramentlichen Symbolhandlungen, nicht zuletzt durch die Erfahrung des Hineingenommenseins in die feiernde Gemeinschaft, können sich demnach Zugänge zu einem ausdrücklichen Glauben eröffnen.* Im Allgemeinen aber setzen die Sakramente, auch schon die (Erwachsenen-)Taufe, eine Grundentscheidung für den Glauben voraus.

(3) Wie aber nähren und stärken die Sakramente den Glauben? *Sie tun dies durch die Verkündigungskraft von Wort*

und Zeichen, indem sie deutlich machen, dass und wie sich der heilswillige Dreifaltige Gott in dieser besonderen Situation dem Menschen zuwendet, wie er ihn anspricht und ihm sagt: „Ich habe dich bei deinem Namen gerufen, du bist mein" (vgl. Jes 43,11), vertraue dich mir an, gib mir deine Sorgen, gib mir in Dank und Lobpreis die Ehre, denn dies ist dir Schlüssel für ein geglücktes Leben und Zusammenleben. In diesem Sinne spricht jedes Sakrament. – Zugleich ermöglicht es, was es sagt. *Es ermöglicht, was Glauben im Innersten bedeutet*: die heilvolle Begegnung mit dem Dreifaltigen Gott, die immer auch Begegnung mit den Mitglaubenden, mit nahe und fern stehenden Menschen einschließt, miteinschließen will. Was sich im Besonderen an der Eucharistie, der „Quelle und dem Höhepunkt"[114] des christlichen Lebens, als innerer, existentieller Vorgang ablesen lässt, geschieht im Grunde in jedem Sakrament, kann und will in jedem Sakramente geschehen: *Gott wendet sich begegnungswillig dem Menschen zu. Dieser darf ihm antworten in vertrauender Hingabe, die von der liebenden Zuwendung Gottes getragen ist. Die Antwort Gottes auf diese vertrauende Hingabe des Menschen ist wiederum das je neue Geschenk des Lebens, die Überwindung der Angst in ihrer Wurzel, die Ermöglichung neuer mitmenschlicher Gemeinschaft*. Dies genau bedeutet Teilhabe am Pascha-Mysterium, am Mysterium des Opfertodes und der Auferstehung Jesu Christi, die in jedem Sakrament vergegenwärtigt werden: Wer ein Sakrament empfängt, darf sich mit Jesus Christus verbinden, der, als göttliches Wort von Gott gekommen, in Leiden und Sterben sein Leben an Gott für die Menschen hingegeben hat, worauf der göttliche Vater mit seiner Auferweckung antwortet, auch dies zugunsten aller Menschen. – Was Glauben im Innersten bedeutet: heilvollen Dialog mit dem Gott des Lebens, darf also der Sakramentenempfänger in der teilhabenden Gemeinschaft mit dem führen, der „Urheber und Vollender des Glaubens" (Hebr 12,2) ist, in dem „die ganze Fülle der Gottheit leibhaftig wohnt" (vgl. Kol 2,9), wobei diese Teilhabe durch den Heiligen Geist vermittelt wird: eine große und tröstliche Botschaft für jeden, der um die Gebrochenheit und Mangelhaftigkeit seines eigenen Glaubens, Hoffens und Liebens weiß.

(4) Was in den Sakramenten ermöglicht wird, was in ihnen geschieht, hat mit dem innersten Rhythmus gelingenden Lebens und Zusammenlebens zu tun. Nicht nur die Meister des geistlichen Lebens, sondern auch Psychologen haben unterstrichen: *Leben gelingt nicht in bloßer Absicherung, im einfachen Festhalten von wirklichen oder vermeintlichen Besitzständen. Es glückt nur – gerade auch in den ihm wesentlichen Beziehungen – im Empfangen, Loslassen und Neuempfangen.* So hat es auch Jesus selber formuliert: „Wer sein Leben zu bewahren sucht, wird es verlieren; wer es dagegen verliert, wird es gewinnen" (Lk 17,33). – Für die eheliche Verbindung von Mann und Frau hat der Theologe und Psychologe *Lorenz Wachinger* dieses Grundgesetz des Lebens überzeugend herausgearbeitet: „Ehe. Einander lieben – einander lassen", lautet der Titel eines seiner Bücher[115]. – Was dem Menschen, in dem sich im Allgemeinen wohl Besitzmehrungs- und Absicherungstriebe mit der Freude an Neuem und auf Neues streiten, natürlicherweise schwerfällt, ja, schier unmöglich ist, das kann in den Sakramenten im Anschluss an Jesus Christus selber, in der Teilhabe an seiner Hingabe in Leiden und Tod, also an seinem Loslassen, aber auch an seiner Auferweckung von den Toten immer wieder neu gelingen: *vertrauensvoll hingebendes Loslassen in der Gewissheit, nicht im Tode gelassen zu werden, und dankbares Neuempfangen.* So kann sich gerade durch die Sakramente das Grundgesetz gelingenden, sich immer erneuernden und so weitenden Lebens und Zusammenlebens schon jetzt in dieser Geschichte verwirklichen, es kann sich die Verheißung des Auferstandenen erfüllen: „Seht, ich mache alles neu" (Offb 21,5).

Epilog: Wirkende Zeichen der Lebensfülle in Zeugnissen

1. Ein altägyptisches Lebenssymbol, im Kreuz vollendet

Im alten Ägypten war das so genannte Anchzeichen, heute auch als „Schlüssel des Nil" oder „Schlüssel des Lebens" bezeichnet, die Hieroglyphe für Leben. „Es spielt aber eine vielleicht größere Rolle in der Symbolik und begegnet deswegen in fast allen religiösen Darstellungen" als Zeichen des Lebens. „Durch seine Umdeutung als Symbol des ewigen Lebens und seine Formverwandtschaft mit dem Kreuz überlebte das Anchzeichen den Untergang der ägyptischen Religion und fand eine weitere Anwendung auf christlichen Totensteinen."[116] – Die frühen ägyptischen Christen, die koptischen Christen, haben also in diesem uralten Symbol des Lebens das Kreuz Christi erkannt, in dem das göttliche Geschenk der Fülle des Lebens den Menschen zuteil wurde und bleibend zum Ausdruck wie auch zur Auswirkung kommt: Aus dem Pascha-Mysterium des Kreuzes und der Auferstehung Christi entspringen nicht zuletzt die sakramentalen Wirkzeichen der Lebensfülle.

Die folgende Darstellung aus dem Tempel von Medinet Habu (Theben West, Totentempel von Ramses III.) zeigt den König Ramses III., wie er ein Tablett mit Broten dem Gott Sokar-Osiris überreicht. Sokar-Osiris hält in Händen die üblichen Insignien der Götter, nämlich in der linken Hand das Anchzeichen als Symbol des Lebens, in der rechten Hand das Was-Szepter als Symbol für Glück. Das Anchzeichen findet sich in den dargestellten Szenen noch mehrfach. – Auf den beiden Darstellungen aus frühchristlicher (koptischer) Zeit, wohl aus dem 4.–6. Jahrhundert stammenden Kirchenornamenten bzw. Totensteinen,[117] ist das altägyptische Lebenssymbol zum Kreuzzeichen, dem Koptenkreuz, geworden, in ganz neuem Sinn also zum Zeichen der Lebensfülle.[118] So ist es in Ägypten auch heute noch in Gebrauch.

2. Gott, in den sakramentalen Symbolen als Freund erkennbar

Der folgende Text des 1996 verstorbenen Psychotherapeuten Albert Görres bringt in unnachahmlicher Weise zum Ausdruck, wie man auf vielfältige Weise, nicht zuletzt aber in sakramentalen Symbolen dem oft so verborgenen Gott begegnen und ihn als Freund erkennen kann.

„Freundschaft mit einem Unsichtbaren, den man nicht anfassen kann, ist ziemlich schwierig. Unser Gott ist ein Liebhaber von Verkleidungen. Dieser Freund begegnet uns häufig an jedem Tag, aber Er hat eine Vorliebe für immer wechselnde Verfremdung. Er will von uns in jedem Mitmenschen, sogar in den Unsympathischen und Verächtlichen erkannt und begrüßt werden; unkenntlich senkt Er seine Anwesenheit in Brot und Wein und in vielerlei Weltgestalten. Ein eigentümlicher Freund, der auf ungewohnte Weise umarmt und berührt werden will. Mit der Zeit gewöhnt man sich an diese Umgangsformen, auch wenn sie manchmal schmerzhaft sind. Auf diese Weise ist Er gar nicht zu verfehlen, wenn man Ihn sucht in allen Dingen, in allen Menschen, in den Wirkzeichen Seiner Gegenwart."[119]

3. Die sakramentalen Symbole als wirkende Zeichen von Gott geschenkter Lebensfülle

Zum Schluss sei das Gemeinte – dass nämlich die Symbolsprache der Wirklichkeit, die natürlicherweise oft einen ambivalenten Charakter hat, in den sakramentalen Symbolen eindeutig Lebensfülle verheißt und schenkt, versuchsweise noch einmal in einem Gedicht zusammengefasst.

Wirkende Zeichen der Lebensfülle

Ist es nicht so, dass Dinge und Geschehnisse auf Erden,
der Weg, das Licht, die Brücke, wie das Lächeln und der Kuss,
für Andres, Tiefres, Höhres Sinnbild sind, zu Zeichen werden,
dass Unsichtbares man in ihnen mit vernehmen, mit empfangen kann und muss?

Wie doch die Schleier der Gewohnheit immer wieder auseinanderreißen:
In allen Dingen sind Zusammenhänge, Gründe wahrzunehmen uns geboten und erlaubt.
Wie oft geschieht's, dass sie ein Glück, das bleibt, dass sie Erfüllung uns verheißen;
wie oft verweisen sie uns auch auf Abgrund, auf Vergänglichkeit, man blickt auf der Meduse Haupt.

So bleibt sie doppelsinnig: unsre Wirklichkeit, die Wirklichkeit der Welt;
wohl überwiegend Glück verheißend, schenkend, aber doch auch tief erschreckend,
sowohl die Ängste wie auch Sehnsucht nach Bestand der Liebe in uns weckend,

die Sehnsucht nach dem lichten Grund, nach dem, der
diese Welt, uns alle treu in Händen hält.

Der Lebensgrund, er zeigte sich; er gab in Dingen dieser
Welt uns sichere Begegnungszeichen:
die Sakramente; dass wir jetzt und einst das Ziel, des
Lebens Liebesfülle, doch erreichen.

Wie nun im Baum der Wirklichkeiten glänzen
– als Himmelstau – die lichten Transzendenzen!

Anmerkungen

[1] Vgl. die Lehrverurteilungen des Konzils von Trient in seinem „Dekret über die Sakramente" von 1547, Kanon 5–8, DH Nr. 1605–1608; tzt D 9/I, Nr. 19–22.
[2] Martin Walser, Halbzeit, Frankfurt a.M. 1960, suhrkamp taschenbuch 94, 1973¹, Rev. Fassung 1990, 320.
[3] Stefan Orth, Liturgische Sprachnot, in: HerKorr 54. Jg. (2000) H. 4, 163.
[4] Bei Piet Schoonenberg und Theodor Schneider findet sich die Unterscheidung zwischen dem bloß informierenden und dem realisierenden Zeichen, Karl Rahner unterscheidet zwischen Vertretungssymbol und Realsymbol. Die Nachweise finden sich bei F.-J. Nocke, Wort und Geste. Zum Verständnis der Sakramente, München 1985, 23.
[5] Vgl. dazu Wolfgang Beinert, Die Welt als Sakrament, in: J. Herten, I. Krebs, J. Pretscher (Hrsg.), Vergegenwärtigung. Sakramentale Dimensionen des Lebens (FS G. Koch), Würzburg 1997, 86–106.
[6] CIC can. 834–1253, Buch IV, „Heiligungsdienst der Kirche" (*De ecclesiae munere sanctificandi*) überschrieben.
[7] Zu diesen und ähnlichen Bestimmungen vgl. Ludovicus Lercher, Institutiones theologiae dogmaticae, Bd. IV/1, Barcelona/Innsbruck 1951, 51.
[8] DH 1311; tzt D 9/I, Nr. 11.
[9] Vgl. Manfred Hutter, Art. Mysterienreligionen, in: LThK³ 7 (1998), 572–575.
[10] Adolf von Harnack, Die Entstehung der christlichen Theologie und des kirchlichen Dogmas, Stuttgart-Darmstadt 1967 (Nachdruck der Ausgabe von Gotha), 18f.
[11] Katholischer Katechismus für das Erzbistum Paderborn, Paderborn 1925, 7.
[12] Vgl. F.-J. Nocke, a.a.O., 16 (vgl. Anm. 4).
[13] F.-J. Nocke, a.a.O., 9.
[14] Arno Schilson, Geheimnislose Wirklichkeit? Sakramentale Strukturen heutiger Welterfahrung, in: J. Herten u. a. (Hrsg.), Vergegenwärtigung, a.a.O. (vgl. Anm. 5) 21–64.
[15] Freiburg u.a. 2001.
[16] Gerhard Larcher, Sinnpräsenz im Symbol. Aspekte leibhafter, ästhetischer, sakramentaler Vergegenwärtigung, in: J. Herten, I. Krebs, J. Pretscher (Hrsg.), a.a.O., 53f. (vgl. Anm. 5).
[17] Vgl. dazu, sowie zum tiefen- bzw. sozialpsychologischen Symbolverständnis Sigmund Freuds bzw. Alfred Lorenzers auch: Jürgen Heumann, Symbol – Sprache der Religion, Stuttgart u. a. 1983, (Kohlhammers Taschenbücher Bd. 1035) 27–40.
[18] Doris Brockmann, Art. Jung, Carl Gustav, in: LThK³, 5 (1996), 1086.
[19] Angelus A. Häussling, Art. Liturgie, in: LThK³, 6 (1997), 970.
[20] Stefan Orth, Liturgische Sprachnot, a.a.O., 163 (vgl. Anm. 3).

[21] „Heilsmächtige Zeichen der Bibel. Am Beispiel des Alten Testaments", so lautet der Titel eines Buchbeitrags des Würzburger Alttestamentlers Theodor Seidl in: J. Herten u.a., Vergegenwärtigung. Sakramentale Dimensionen des Lebens, a.a.O., 65–85 (vgl. Anm. 5).

[22] „Goethe bezeichnet sich einmal als einen ‚dezidierten Nicht-Christen', dem die Entdeckung der Bewegung der Erde um die Sonne wichtiger sei als die ganze Bibel, und ein andermal als den vielleicht einzigen wirklichen Christen, wie Christus ihn haben wollte." Karl Löwith, Von Hegel zu Nietzsche. Der revolutionäre Bruch im Denken des 19. Jahrhunderts, Stuttgart ³1953, 34 – mit Berufung auf Goethe, Gespräche IV, 261.

[23] J. W. von Goethe, Dichtung und Wahrheit II, 7, in: ders., Sämtliche Werke, Bd. 10, Artemis-Gedenkausgabe, Zürich/München 1977/78, 318f. – Eine Weiterführung des Zitates findet sich in 5. „Wie sich aus den Sakramenten leben und miteinander leben lässt".

[24] Theodor Seidl, a.a.O., 65f. (vgl. Anm. 21).

[25] Vgl. Theodor Seidl, a.a.O., 78ff.

[26] Theodor Seidl, a.a.O., 83.

[27] Zur Einsetzung der Sakramente durch Jesus vgl.: Günter Koch, Art. Einsetzung der Sakramente, in: Wolfgang Beinert (Hrsg.), LKDog, Freiburg ⁴1997, 112ff. – sowie ders., Sakramentenlehre – Das Heil aus den Sakramenten, in: Wolfgang Beinert (Hrsg.), Glaubenszugänge. Lehrbuch der katholischen Dogmatik, Bd. 3, Paderborn u.a. 1995, 358 ff.

[28] Karl Prümm, Art. Mysterien, in LThK², 7, 717 – 720, hier 717.

[29] Alexandre Ganoczy, Einführung in die katholische Sakramentenlehre, Darmstadt ²1984, 5f.

[30] Alexandre Ganoczy, a.a.O.,12.

[31] Alexandre Ganoczy, a.a.O., 12f.

[32] Tertullian, An die Märtyrer 3 (zwischen 195 und 205); tzt D 9/I, Nr. 48.

[33] Theodor von Mopsuestia, Katechetische Homilien (wohl zwischen 388 und 392, nur Syrisch erhalten) , tzt D 9/I, Nr. 65.

[34] Vgl. Alexandre Ganoczy, a.a.O., (Anm. 23) 17.

[35] Aurelius Augustinus, Aus sermo 272, tzt D 9/I, Nr. 69.

[36] Petrus Lombardus, Die vier Bücher der Sentenzen, aus Buch IV: d. 1 c.4,2; tzt D 9/I, Nr. 78, Dt.: G. Koch.

[37] Thomas von Aquin, Summa theologica III q. 65a 1c; tzt D 9/I, Nr. 87–92.

[38] Thomas von Aquin, Summa theologica III q. 60a 3c; tzt D 9/I, Nr. 81.

[39] Thomas von Aquin, Summa theologica III q. 63a 1c, tzt D 9/I, Nr. 83.

[40] Lehrentscheid für die Armenier, DH 1310–1327; tzt D 9/I, Nr. 10–13.

[41] Lehrentscheid für die Armenier, DH 1310; tzt D 9/I, Nr. 10.

[42] Lehrentscheid für die Armenier, DH 1312; tzt D 9/I, Nr. 12.

[43] Martin Luther, De captivitate babylonica ecclesiae praeludium (1520), tzt D 9/I, Nr. 93f., Dt.: G. Koch.

[44] Martin Luther, Die Vorlesung über den Hebräerbrief (1517/18), tzt D 9/I, Nr. 95, Dt.: G. Koch.

[45] E. Kinder, Art. Sakramente, in: RGG 5, 1324.

⁴⁶ Anhang einer Bibelausgabe „nach der teutschen Übersetzung Martin Luthers", Halle 1770, 23.
⁴⁷ Johannes Calvin,Unterricht in der christlichen Religion (⁴1559) IV, 14.9, Dt.: Otto Weber, Neukirchen-Vluyn ²1963, 882f.; tzt D 9/I, Nr. 97ff.
⁴⁸ DH 1600 – 1613; tzt D 9/I, Nr. 14–27.
⁴⁹ Sess. VII, Prooemium; DH 1600; tzt D 9/I, Nr. 14.
⁵⁰ Sess. VII, can. 6; DH 1606; tzt D 9/I, Nr. 20.
⁵¹ Sess. VII, can. 8; DH 1608; tzt D 9/I, Nr. 22.
⁵² Johann Adam Möhler, Symbolik oder Darstellung der dogmatischen Gegensätze der Katholiken und Protestanten § 28 (1832), tzt D 9/1, Nr. 100.
⁵³ Matthias Joseph Scheeben, Die Mysterien des Christentums (1865) § 82, tzt D 9/I, Nr. 106.
⁵⁴ Vgl. DH 30439 – 30451; tzt D 9/I, Nr. 29–31.
⁵⁵ Vgl. DH 3489; tzt D 9/I, Nr. 32.
⁵⁶ Theodor Maas-Ewerd, Art. Liturgische Bewegung, in: LThK³ 6 (1997), 993.
⁵⁷ Arno Schilson, Das Sakrament als Symbol: CGG 28, Freiburg 1982, S. 126.
⁵⁸ Odo Casel, Das christliche Kultmysterium, Regensburg ³1948, 101ff.; tzt D 9/I, Nr.107. Vgl. auch die Casel-Texte: tzt D 9/I, Nr. 108f.
⁵⁹ Die Vorstellung einer „Vergegenwärtigung" im symbolischen Gedenken ist nicht alttestamentlich-biblisch zu nennen, deutliche gedankliche Anklänge finden sich höchstens in der deuteronomistischen Teiltradition, wenn das Gedenken an vergangenes Heilsgeschehen auf Festtage und kultische Einrichtungen bezogen wird: „Auch hier handelt es sich bei zkr (gedenken) nicht um die Teilnahme an kultdramatischer Vergegenwärtigung, sondern um das erinnernde Eintreten in den Geschehenszusammenhang mit durch Verkündigung oder Zeichen vergegenwärtigten Ereignissen der Vergangenheit" (W. Schottroff, Art. zkr gedenken, in: Theologisches Handwörterbuch zum Alten Testament Bd. 1, München 1971, 518). Aber warum sollte nicht eine echte Befruchtung der Sakramententheologie aus dem Vorstellungsfeld antiker Mysterienreligionen kommen?
⁶⁰ SC 59; tzt D 9/I, Nr. 33.
⁶¹ Freiburg 2000.
⁶² Vgl. dazu Albert Gerhards, Der Geist der Liturgie. Zu Kardinal Ratzingers neuer Einführung in den christlichen Gottesdienst, in: HerKorr 54 (2000), 263–268.
⁶³ SC Nr. 7; DH 4007; tzt D 9/I, Nr. 37.
⁶⁴ Kurt Koch, Leben erspüren – Glauben feiern. Sakramente und Liturgie in unserer Zeit, Freiburg u.a. 1999, 11.
⁶⁵ Arno Schilson, Das Sakrament als Symbol, CGG 28, Freiburg 1982, 123; vgl. auch F.-J. Nocke, Wort und Geste. Zum Verständnis der Sakramente, München 1985.
⁶⁶ Dietrich Wiederkehr, Vom isolierten zum integrierten Sakrament. Schritte liturgischer Erneuerung und Einübung, in: J. Herten u.a.,

Vergegenwärtigung. Sakramentale Dimensionen des Lebens, a.a.O., 189 (vgl. Anm. 5).
[67] Katechismus der Katholischen Kirche, München 1993, Nr. 1152.
[68] E. J. Lengeling, Art. Liturgie/Liturgiewissenschaft, NHthG 3, 26–53, hier 29.
[69] Vgl. Pius XII.,Enzyklika „Mediator Dei" (1947); DH 3851–3853.
[70] Kurt Koch, Leben erspüren – Glauben feiern, a.a.O., (Anm. 64) 79.
[71] Kurt Koch, a.a.O., 83.
[72] Albert Gerhards, Stationen der Gottesbegegnung. Zur theologischen Bestimmung der Sakramentenfeiern, in: M. Klöckener, W. Gade (Hrsg.), Die Feier der Sakramente in der Gemeinde (FS H. Rennings), Kevelaer 1986, 19.
[73] Aus dem Vierten Hochgebet der Messe, hier entnommen dem „Gotteslob. Katholisches Gebet- und Gesangbuch" (1975), Nr. 369.
[74] Vgl. Günter Koch, Sakramentenlehre – Das Heil aus den Sakramenten, a.a.O., (Anm. 27), 350–357.
[75] Vgl. 2. Vatikanisches Konzil, LG 48.
[76] S. K. Langer, Philosophie auf neuem Wege. Das Symbol im Denken, im Ritus und in der Kunst, amerik. 1942, deutsch Frankfurt 1965 (Fischer Tb), Frankfurt ²1987.
[77] S. K. Langer, a.a.O., 285.
[78] S. K. Langer, a.a.O., Kapitelüberschrift auf S. 146.
[79] So George Steiner in seinem Werk „Real Presences, Chicago 1989. Deutsch: Von realer Gegenwart. Hat unser Sprechen Inhalt? (Mit einem Nachwort des Schriftstellers Botho Strauß), München – Wien 1990.
[80] Vgl. dazu: P. Florenskij, Die Ikonostase. Urbild und Grenzerlebnis im revolutionären Rußland, Stuttgart 1988.
[81] So besonders W. Kasper, Wort und Sakrament, in: ders., Glaube und Geschichte, Mainz 1970, 299–302; tzt D 9/I, Nr. 128ff.; sowie L. Boff, Kleine Sakramentenlehre, Düsseldorf 1976; tzt D 9/I, Nr. 149–156, bes. 153.
[82] Siehe dazu vor allem: H. O. Meuffels, Kommunikative Sakramententheologie, Freiburg 1995; sowie Klemens Richter, Die Sakramente feiern – ein kommunikatives Handeln, in: J. Herten u.a., Vergegenwärtigung, a.a.O., (Anm. 5), 149–169.
[83] So Alexandre Ganoczy, Einführung in die katholische Sakramentenlehre, a.a.O., (Anm. 29),116; tzt D 9/I, Nr. 166–171.
[84] So Peter Hünermann. Sakrament – Figur des Lebens, in: R. Schaeffler/P. Hünermann, Ankunft Gottes und Handeln des Menschen. Thesen über Kult und Sakrament, Freiburg u. a. 1977, QD 77, 55f.; 64f.; tzt D 9/I, Nr. 162–165.
[85] P. Hünermann, a.a.O., 55.
[86] Albert Gerhards, a.a.O., (Anm. 72), 18.
[87] Vgl. J. Ratzinger, Die sakramentale Begründung christlicher Existenz, Meitingen 1966, sowie ders., Zum Begriff des Sakramentes, München 1979; vgl. tzt D 9/I, Nr. 125.
[88] Vgl. F. Taborda, Sakramente: Praxis und Fest, Düsseldorf 1988.
[89] Konzil von Trient, 7. Sitzung, can. 12, DH 1612: tzt D 9/I, Nr. 26.

⁹⁰ Vgl. dazu Ralph Sauer, Sakramentenpraxis im Zwielicht. Eine pastoraltheologische Problemanzeige, in: J. Herten u. a.(Hrsg.), Vergegenwärtigung, a.a.O., (Anm. 5), 107–134; sowie Wolfgang Nastainczyk, Heilswege kennen und suchen helfen. Möglichkeiten von Buß- und Bild-Katechesen für Erwachsene in der Modernisierungskrise der Gegenwart, in: J. Herten u.a., Vergegenwärtigung, a.a.O., 135–148.
⁹¹ Ludwig Ott, Grundriß der katholischen Dogmatik, Freiburg ³1957, 268.
⁹² Vgl. dazu: Günter Koch, Die christliche Heilsbotschaft heute. Probleme und Kriterien der Vermittlung, in: Theologie der Gegenwart 25 (1982), 66–75.
⁹³ Eugen Drewermann, Vorrede zur 2. Aufl. des 3. Bandes der „Strukturen des Bösen", Paderborn 1980.
⁹⁴ So u. a. Karl Rahner, Kirche und Sakramente, Freiburg u.a. 1960; vgl. tzt D 9/I, Nr. 29f.
⁹⁵ Vgl. tzt D 9/I, Nr. 75ff., hier Nr. 77.
⁹⁶ So das Kirchliche Gesetzbuch CIC can. 841.
⁹⁷ A.a.O.
⁹⁸ Vgl. dazu Günter Koch, Art. Votum sacramenti, in: LThK³ , Bd. 10, 909f.
⁹⁹ 7. Sitzung (1547) Dekret über die Sakramente, Vorwort, DH 1600; tzt D 9/I, Nr. 14.
¹⁰⁰ 6. Sitzung (1547) Dekret über die Rechtfertigung, Kap. 8, DH 1532.
¹⁰¹ Heinrich J. F. Reinhardt, Art. Sakramentalien IV. Kirchenrechtlich, in: LThK³ , Bd. 8,1455.
¹⁰² Vgl. CIC Can. 1168f.
¹⁰³ Vgl. Liturgiekonstitution (SC) 60f., tzt D 9/I, Nr. 34f.
¹⁰⁴ Benediktionale. Studienausgabe für die katholischen Bistümer des deutschen Sprachgebietes, Einsiedeln, Freiburg u.a. 1979, 58f.; 68f.
¹⁰⁵ Vgl. tzt D 9/I, Nr. 183–200.
¹⁰⁶ Paderborn – Frankfurt a. M. 2000, 48–50.
¹⁰⁷ Zur ostkirchlichen Sakramententheologie vgl. R. Hotz, Sakramente – im Wechselspiel zwischen Ost und West, Zürich 1979.
¹⁰⁸ Anastasios Kallis, Art. Sakrament, V. Ostkirchliche Theologie, in: LThK³, 8 (1999), 1446.
¹⁰⁹ An Caroline von Herder, 4./8. 9. 1788.
¹¹⁰ J. W. von Goethe, Dichtung und Wahrheit II, 7, in: ders., Sämtliche Werke, Bd. 10, Artemis-Gedenkausgabe, Zürich/München 1977/78, 319f.
¹¹¹ A.a.O., 321.
¹¹² LG 11; tzt D 9/I, Nr.39f.
¹¹³ F.-J. Nocke, Sakramente als Gesten: KatBl 6 (1983), 412–425, hier 414.
¹¹⁴ Vgl. 2. Vat., LG 11, DH 4127.
¹¹⁵ München 1986.
¹¹⁶ Hans Bonnet, Reallexikon der ägyptischen Religionsgeschichte, Berlin 1952, 418f.
¹¹⁷ Vgl. Art. Anchzeichen, in: Lexikon der Ägyptologie (hrsg. von W.

Helck und E. Otto), Bd. 1, Wiesbaden 1975, 33f. (Dazu Tafel XXI Abb. 43 und 44)
[118] Vgl. dazu Maria Cramer, Das altägyptische Lebenszeichen im christlichen (koptischen) Ägypten, Wiesbaden 1955. – Fachliche Beratung zum altägyptischen Anchzeichen verdankt der Verfasser Herrn Dr. Friedhelm Hoffmann, Wissenschaftlicher Mitarbeiter am Institut für Ägyptologie in Würzburg.
[119] Albert Görres, Das Kreuz mit dem Glauben. Kritische Gedanken eines Therapeuten (eine Textauswahl), Topos plus Taschenbücher Bd. 359, Graz u. a. 2000, 155.

Stichwort: Sakramentale Symbole – Grundweisen des Heilshandelns Gottes

Die katholische Kirche wie die Kirchen des Ostens haben sieben Sakramente als zentrale gottesdienstliche Vollzüge: die Taufe, die Firmung, die Eucharistie, das Bußsakrament, die Krankensalbung, das Weihesakrament und das Ehesakrament. Demgegenüber kennen die Kirchen der Reformation nur zwei oder höchstens drei Sakramente: Taufe, Abendmahl und möglicherweise die Buße oder Beichte.

Gemeinsam ist diesen Sakramenten der *Symbolcharakter*. Es sind Symbol- oder Zeichenhandlungen, die auf Jesus Christus zurückgeführt werden und die auf die Vermittlung von Gnade und Heil für die Menschen, die sie empfangen, zielen. Bei vielen Menschen unsrer Zeit stößt die Vorstellung von heilsvermittelnden sakramentalen Symbolen auf Verständnislosigkeit oder doch auf große Schwierigkeiten, bei anderen findet sie zunehmend neues Interesse. Insbesondere ist unsre Zeit einerseits von Symbolblindheit, andererseits von einem neu erwachenden Sinn für die lebens- und gemeinschaftsfördernde Kraft von Symbolen gekennzeichnet.

Da sich in den Sakramenten der Kirche heilbringende Begegnung mit Gott und den Mitmenschen in symbolischen Ausdrucksformen ereignet bzw. ereignen will, wird vor allem ein vertieftes oder auch neu gewecktes Symbolverständnis dazu beitragen können, dass diese heilende und belebende Gottbegegnung je neu gelingt, dass der Mensch sich darin mit seinem konkreten Alltag gläubig einzubringen vermag.

Der Band möchte unter dem Doppelgesichtspunkt ihres Symbolcharakters wie ihrer Lebens- und Heilsbedeutsamkeit neue Zugänge zu den Sakramenten erschließen helfen. Es geht darum zu zeigen, dass die Sakramente wie das Wort

Gottes Grundweisen darstellen, wie der heilswillige Gott den Menschen in Jesus Christus und seinem Heiligen Geist an der Fülle seines Lebens Anteil geben, wie er ihnen im Dialog Orientierung und Geleit schenken will. Dafür müssen auf biblischer Grundlage Verengungen der traditionellen Lehre aufgebrochen werden. Es sind aber auch hilfreiche Anregungen aus der Tradition zu gewinnen, damit eine ebenso dem kirchlichen Glauben und der theologischen Wissenschaft wie dem konkreten Leben und Zusammenleben der Menschen verpflichtete „allgemeine Sakramentenlehre" Gestalt gewinnen kann.

Kleines Wörterbuch

Analytische Psychologie
(griech.) Auf S. Freud (1856–1939) zurückgehende, von C. G. Jung (1865–1961) weiterentwickelte psychologische Methode, die das Unbewusste in den Tiefenschichten der menschlichen Seele bewusst macht, analysiert und auf diese Weise heilen will.

Anathem(a)
(griech.) Ursprünglich etwas der Gottheit Anheimgegebenes: als Weihegabe oder als ihrem Fluch Verfallenes. Später Verurteilung von Lehrsätzen, die dem Lehramt als dem wahren Glauben widersprechend galten und somit ihre Verfechter zu Häretikern machten.

Anthropologie
(griech.) Die philosophische bzw. theologische Lehre oder Wissenschaft vom Menschen, die zugleich neben ihren je eigenen Erkenntnisquellen die Erkenntnisse einer naturwissenschaftlichen Anthropologie mit einbeziehen muss. Davon das Adjektiv anthropologisch.

Antiochenische Schule
Nach der Stadt Antiochia (in Syrien) benannte theologische Schulrichtung des 4./5. Jahrhunderts. In einer gewissen Spannung zur alexandrinischen Schule legte man Wert auf eine dem Wortsinn verpflichtete Bibelauslegung. Man betonte zugleich das wahre, unverkürzte Menschsein Jesu Christi in der Einung mit der zweiten göttlichen Person (Hauptvertreter: Theodor von Mopsuestia, Johannes Chrysostomus).

Apologie
(griech.) Verteidigung, Verteidigungsschrift.

Archetypen
(griech.) Nach C. G. Jung (1865–1961) Urformen, Urbilder in den Tiefen der Seele, die sich einem kollektiven Unbewussten verdanken, ins Bewusste hineinwirken und durchaus einen dynamisch belebenden Einfluss ausüben können.

Aristotelische Philosophie
Die Philosophie des griechischen Philosophen Aristoteles

(384–322 v. Chr.) betont anders als Platon, dass Ideen und Begriffe immer auf sinnlicher Wahrnehmung beruhen. Bei der Begriffsbildung geht sie allerdings vorwiegend von der dinglichen Welt und ihren kausalen Verknüpfungen aus, so dass das Verständnis für personales Sein notwendig zu kurz kommt.

Befreiungstheologie
Formen der Theologie, die sich in der Dritten Welt, vor allem in Südamerika, entwickelt haben, und zwar vor allem aus der Perspektive der Unterdrückten und Ausgebeuteten, deren Sehnsucht nach befreitem Menschsein sie gemäß den Absichten Jesu entsprechen möchten.

Christologie
(griech.) Die Lehre von Jesus Christus, dem Sohne Gottes und Erlöser als zentraler Teil der dogmatischen Theologie.

deprekativ
(lat.) In der Form der Bitte, des Flehens.

Deuteropaulinische Schriften
Neutestamentliche Briefe, die in der Tradition und unter dem Namen des Apostels Paulus verfasst wurden, aber nicht von ihm selber stammen, so vor allem die Briefe an die Epheser, die Kolosser und die so genannten Pastoralbriefe.

dialogisch-responsorisch
(griech.-lat.) In der Form eines Gespräches und dabei antwortend.

diskursiv
(lat.) Gedankenentwicklung im Gespräch, in gemeinsamer Erörterung, in Rede und Gegenrede.

Dissoziierung
(lat.) Trennung, Zerteilung einer Vorstellungs- oder Wirklichkeitsverbindung.

Dogma
(griech.) Verbindlicher Lehrsatz des christlichen Glaubens. Mit diesen Lehrsätzen bzw. ihrem Sinngefüge beschäftigt sich die Dogmatik als wissenschaftliche theologische Disziplin.

Donatismus
Nach 300 in Nordafrika entstandene, nach dem Bischof Donatus von Karthago (gest. um 355) benannte schismatische, später als häretisch erklärte rigoristische Sonderkirche, in der insbesondere die Gültigkeit der Taufe von der Heiligkeit bzw. moralischen Integrität des Spenders abhängig gesehen wurde.

Ekklesiologie
(griech.) Die wissenschaftlich reflektierte Lehre von der Kirche. Davon das Adjektiv ekklesiologisch.

Enzyklika
(griech.) Rundschreiben des Papstes an die Bischöfe oder an alle Gläubigen.

Epiklese, epikletisch
(griech.) An- oder Herabrufung Gottes, speziell auch über die eucharistischen Gaben, wobei es um deren Heiligung bzw. Wandlung durch Gottes Heiligen Geist geht. Die E. spielt eine besondere Rolle in den Ostkirchen.

Evidenz, evident
(lat.) Von höchster Gewissheit, aus sich selbst einleuchtend bzw. überzeugend.

Exegese
(griech.) Die wissenschaftlich verantwortete Auslegung, hier vor allem der Bibel.

Exorzismus
(griech.-lat.) Die Beschwörung bzw. Bannung des Teufels und anderer böser Geister.

Feministische Theologie
(lat.-griech.) Sie ist eine Theologie aus der Sicht von Frauen, die die männliche Vorherrschaft und die Vorherrschaft männlicher Betrachtungsweisen in Religion, Kirche und Gesellschaft wahrnimmt, benennt und zu überwinden bemüht ist.

Gottesherrschaft
Gottesherrschaft ist der Zentralbegriff der Verkündigung Jesu, Inbegriff geglückten menschlichen Lebens und Zusam-

menlebens in Liebe, Frieden und Gerechtigkeit, ermöglicht durch die Selbstmitteilung Gottes in Jesus Christus und im Heiligen Geist.

Ikone
(griech.) In den Ostkirchen alle auf Holz gemalten religiösen Tafelbilder, im Unterschied zur Wandmalerei. Da die Ikone nach ostkirchlicher Auffassung symbolische Gegenwart des Dargestellten selber ist, indem sie am Dargestellten teilhat und so den Gläubigen daran Anteil gibt, genießt sie hohe Verehrung.

Initiation(s-Sakramente)
(lat.) Der aus den Mysterienkulten stammende Begriff besagt die volle Einführung in den christlichen Glauben und in die Kirche, wie sie durch die Sakramente der Taufe, der Firmung und der Eucharistie geschieht.

Inkulturation
(lat.) Inkulturation besagt die wechselseitige Durchdringung von Evangelium und jeweiliger Kultur in der Weise, dass das Evangelium seine wesentliche Identität behält, aber doch in der Sprache und in den Lebensformen der Kulturen schöpferisch zum Ausdruck kommt und den Menschen zu Eigen wird. Inkulturation bedeutet so wechselseitige Bereicherung.

Interaktion
(lat.) Wechselseitige Bezugnahme von zwei oder mehreren Personen (auch Gruppen) in ihrem Denken und Handeln.

Jahwistischer Schöpfungsbericht
(hebr.) Die wohl ältere Schöpfungserzählung Gen 2,4b–25 gehört nach früherer exegetischer Auffassung in die nach dem dort gebrauchten Gottesnamen Jahwe rekonstruierte jahwistische Quellenschrift des Pentateuch, also der 5 Bücher Mose. Heute bezweifelt man, ob es eine solche einheitliche Quellenschrift überhaupt gegeben hat.

Jurisdiktion
(lat.) Weltliche und geistliche Gerichtsbarkeit bzw. Rechtsvollmacht, im kirchlichen Recht die hoheitliche Hirtengewalt, die in Gesetzgebung, Rechtsprechung und Verwaltung ausgeübt wird.

Katechese
(griech.) Die in persönlichem Kontakt erfolgende Unterweisung über die grundlegenden Inhalte christlichen Glaubens und christlicher Lebensgestaltung, die im Auftrag der Kirche für Kinder, Jugendliche und Erwachsene erteilt wird.

Katechumenat, Katechumene
(griech.-lat.) Die Zeit der Vorbereitung der Taufbewerber (Katechumenen) auf den Empfang der Taufe. In analoger Weise spricht man heute beispielsweise auch von einem Ehe-Katechumenat.

kommunial
(lat.) Die Gemeinschaft betreffend.

konstitutiv
(lat.) Das Wesen einer Sache ausmachend, eine Wirklichkeit wesentlich bestimmend.

Kontext
(lat.) Der Zusammenhang, in dem ein Text, ein Geschehen, eine Wirklichkeit stehen und von dem her sie zu verstehen sind.

Libidoobjekt
(lat.) Gegenstand des Begehrens. Begriff, der vor allem in der Psychoanalyse eine zentrale Rolle spielt.

Messias, messianisch
(aramäisch-griech.) Der Gesalbte: Würdenamen für den König und Hohenpriester Israels, später durch an David anknüpfende Hoffnungen Bezeichnung für den universalen Heilskönig der Endzeit. Das Neue Testament sieht in Jesus diesen Messias (=Christus) aus Davids Geschlecht.

Mithras-Kult
Der im indisch-iranischen Bereich verehrte Gott Mithras spielte auch in den Mysterienkulten eine wichtige Rolle, die sich im römischen Reich verbreiteten und vom 2.–4. Jahrhundert eine Blüte erlebten.

Mystagogie, mystagogisch
(griech.) Wörtlich: Geleit in die Geheimnisse. Der aus den Mysterienkulten stammende Begriff wird in der frühen

Kirche mehr und mehr auch für die Einführung in die Geheimnisse des Glaubens bzw. der Sakramente verwendet, wobei er seinen elitären Charakter verliert: Alle sind dazu berufen.

neukantianisch
Als Neukantianismus bezeichnet man Philosophien, die im 19. Jahrhundert die Philosophie *Immanuel Kants* (1724–1804) neu beleben bzw. weiterführen wollen.

Neuplatonismus
Philosophische Richtung des 3.–6. Jahrhunderts nach Christus, vertreten vor allem durch Plotin (um 205–270). Sie nimmt Elemente des Platonismus auf, wobei diese im Sinne einer mystischen Religiosität ausgebaut und vereinseitigt werden. Nach neuplatonischer Auffassung gilt es, in einem Aufstiegsweg der Seele aus der Vielfalt der schattenhaften materiellen Welt zur eigentlichen Wirklichkeit des geistig All-Einen zurückzukehren.

Pascha-Mysterium
(hebr.-griech.) Der Begriff bezeichnet das erlösende österliche Heilsgeschehen von Leiden, Tod und Auferweckung Jesu Christi, das in der christlichen Liturgie vergegenwärtigt wird. Er knüpft an das kultische *Passahmahl* (hebr.) Israels an, in dem der Befreiung Israels aus Ägypten gedacht wurde und wird.

Pastoral
(lat.) Auf die den ganzen Menschen betreffende „Seelsorge" (Hirtensorge) bezogen. Angesprochen wird das gesamte Feld kirchlichen Handelns, das auf das Heil und das Wohl der Menschen „drinnen" und „draußen" gerichtet ist.

Platonismus
Nachwirken der Lehre Plato(n)s (427–347 v. C.) in der europäischen Philosophie. Nach Plato kommt nur der Welt der Ideen, deren Abbilder (Schattenbilder) die irdischen Dinge sind, eigentliche Wirklichkeit zu. Menschsein vollendet sich in der geistigen Anschauung (Theoria = Theorie) der ewigen Ideen.

Pneumatologie
(griech.) Die wissenschaftlich verantwortete Lehre vom

Pneuma (griech.), dem Heiligen Geist. Davon das Adjektiv pneumatologisch.

Priesterschriftlicher Schöpfungsbericht
Die jüngere Schöpfungserzählung von Gen 1,1–2,4a wird einer Quellenschrift der fünf Bücher des Mose zugerechnet, die vor allem durch kultische Interessen gekennzeichnet ist. Die heutige exegetische Forschung bezweifelt die ursprüngliche Einheit dieser ohnehin nur rekonstruierten Quellenschrift.

Psychoanalyse
(griech.) Lehre *Sigmund Freuds* von der Dynamik des unbewussten Seelenlebens und die darauf beruhende (analysierende) Methode zur Behandlung psychischer Erkrankungen.

Ritus, Ritual
(lat.) Unter Ritus versteht man das gebräuchliche bzw. festgelegte gottesdienstliche Geschehen in Wort und Handeln, unter Ritual die verbindliche Ordnung des gottesdienstlichen Handelns, aber auch Brauchtumsformen, die für bestimmte Gruppen und Situationen gelten, z. B. Begrüßungsrituale.

Scholastik, scholastisch
(lat.) Die „Schultheologie bzw. Schulphilosophie", wie sie an den Hohen Schulen des Mittelalters entwickelt und gelehrt wurde. Sie war bestrebt, ein systematisch geschlossenes Weltbild zu entwerfen, in dem alle Dinge ihren festen Platz hatten. Von daher können Substantiv und Adjektiv heute auch den Beigeschmack von Starrheit und Wirklichkeitsferne haben.

Soziologie
Die Wissenschaft von den formalen und inhaltlichen Zusammenhängen und Prozessen des Lebens in der gegenwärtigen Gesellschaft und in historischen Gesellschaften.

sozio-kulturell
Vom Gefüge einer Gesellschaft und ihrer kulturellen Eigenart bestimmt, davon abhängig.

Teilhabegedanke
Der Teilhabegedanke spielt in der platonischen Tradition, aber auch im christlichen Denken eine große Rolle. Er besagt

allgemein, dass die irdischen Dinge nur dadurch sind, dass sie an der überweltlichen Wirklichkeit der Ideen, die die christliche Theologie in den Geist Gottes verlegt, partizipieren. Der Teilhabegedanke kann, muss aber keineswegs mit einer Abwertung des Irdisch-Geschichtlichen (als bloßem schattenhaftem Sein) verbunden sein. Er besagt positiv Gegenwart des Göttlichen im Menschlichen.

transzendent
(lat.) Auf eine tiefere oder höhere Wirklichkeit hin überschreitend, über das vordergründig Gegebene hinausgehend und hinausweisend, auf die Transzendenz, die die Religionen das Göttliche oder Gott nennen.

Tübinger theologische Schule
Im 19. Jahrhundert gewann die Tübinger theologische Fakultät nach den politisch-geistigen Wirren, die durch die französische Revolution ausgelöst worden waren, in der Reform von Kirche, Theologie und religiösem Leben eine führende, schulbildende Stellung. Christliche Identität sollte im Horizont eines neuen Geschichtsbewusstseins bestimmt werden (Hauptvertreter: J. S. Drey, J. A. Möhler).

Weiterführende Werke

Regina Ammicht-Quinn, Stefanie Spendel (Hrsg.), Kraftfelder. Sakramente in der Lebenswirklichkeit von Frauen, Regensburg 1998. – Es geht in dem anregenden Sammelband u. a. um die Fragen: Was erwarten Frauen von den Sakramenten? Wie könnte zunehmender Symbol- und Glaubensentfremdung gerade auch bei Frauen durch neue und durch neu erschlossene überlieferte Rituale begegnet werden? Das Buch, aus unterschiedlicher fachlicher Sicht verfasst, möchte zu Einfallsreichtum und Kreativität anregen.

Otto Betz, Des Lebens innere Stimme. Weisheit in Symbolen, Freiburg u. a. 2001. – Das Buch würdigt nicht nur die Bedeutung symbolischer Zeichen und Worte überhaupt – Menschsein ist darauf angewiesen –, es schließt auch Symbolbereiche aus Natur, Kunst und menschlichem Leben einfühlsam auf, beispielsweise die Elemente, Licht und Farben, die Sinne, das Kreuzzeichen.

Leonardo Boff, Kleine Sakramentenlehre, Düsseldorf 1976. – Der schmale Band des südamerikanischen Befreiungstheologen hat mitgeholfen, das Tor zum Verständnis der sakramentalen Symbole für heute neu zu öffnen. Es sensibilisiert für die Sprache auch alltäglichster Dinge und zeigt, wie sich Gott dieser „Zeichensprache", die zugleich die Sinne, das Herz und den Kopf anspricht, in den Sakramenten bedient – zum konkreten Heil der Menschen.

Alexandre Ganoczy, Einführung in die Katholische Sakramentenlehre, Darmstadt 1979, ³1991. – Der den Leser fordernde Band bietet außer der Einführung in die allgemeine Sakramentenlehre auch gute Skizzen zur Lehre von den einzelnen Sakramenten. Dabei werden vor allem heutige theologische Probleme und Fragestände verdeutlicht, beispielsweise: Was kann die moderne Kommunikationstheorie für das Verständnis der Sakramente erbringen?

Joachim Herten, Irmgard Krebs, Josef Pretscher (Hrsg.), Vergegenwärtigung. Sakramentale Dimensionen des Lebens (FS G. Koch), Würzburg 1997. – Der Band mit Beiträgen von J. Herten, A. Schilson, G. Larcher, Th. Seidl, W. Beinert, R. Sauer, W. Nastainczyk, K. Richter, A. Heuser, D. Wiederkehr und J. Pretscher zeigt – unter dem Blickwinkel verschiedener theologischer Fächer –, dass jede Handlung und jedes Geschehen Zeichen für die Nähe Gottes und Orientierung für ein geglücktes Leben sein kann. Er zeigt zugleich, wie sich dieser Zeichen- und Orientierungscharakter in den Sakramenten verdichtet.

Jürgen Heumann, Symbol – Sprache der Religion, Stuttgart u. a. 1983 (Kohlhammer Taschenbücher, Thema: Religion, Bd. 1035). – Der Religionspädagoge Heumann erarbeitet in drei Unterrichtsprojekten die

„religiöse Substanz" der sich in alltäglicher Erfahrung erschließenden Symbole. Unter drei Aspekten kann sich der religiöse Gehalt von Symbolen der heutigen Lebenswelt entbergen: dem identitätsstiftenden, dem beziehungsstiftenden und dem utopiestiftenden Aspekt. Was so über die Wirksamkeit der Symbole gesagt bzw. erarbeitet wird, kann auch für eine zeit- wie traditionsentsprechende Sakramentenlehre fruchtbar gemacht werden.

Günter Koch (Bearbeiter), Sakramentenlehre I und II, Texte zur Theologie, Dogmatik (hrsg. von Wolfgang Beinert), Graz u. a. 1991. – Die kommentierte Textsammlung der beiden Bände, auf die in der vorliegenden Publikation immer wieder Bezug genommen wird, dokumentiert für die allgemeine Sakramentenlehre und für die einzelnen Sakramente Konstanten wie geschichtliche Wandlungen im theologischen Verständnis. Sie tut dies unter den Kategorien „Biblische Leittexte", „Lehramtliche Texte", „Theologentexte" und „Dialogtexte der Ökumene".

Susanne K. Langer, Philosophie auf neuem Wege. Das Symbol im Denken, im Ritus und in der Kunst, (Aus dem Amerikanischen von Ada Löwith), Frankfurt a. M. 1984 (Fischer Taschenbuch Verlag). – Das Werk der Musikwissenschaftlerin und Philosophin ist der anregende Versuch, in einer umfassenden Theorie der Symbolbildung und Symbolwirkung das rein rationale Denken um die in Mythos, im Ritus und in der Kunst enthaltenen Erkenntnis- bzw. Verstehensweisen zu erweitern.

Lothar Lies, Sakramententheologie. Eine personale Sicht, Graz u. a. 1990. – Das ebenso anregende wie anspruchsvolle Buch hat bei seinem Durchblick durch die Sakramentenlehre vier Leitmotive: „die christliche Vorstellung von Person, die Eucharistie als Quelle und Höhepunkt kirchlichen Lebens, eine heutige Vorstellung von Erlösung und den Blick auf die getrennten Kirchen der Reformation".

Franz-Josef Nocke, Wort und Geste. Zum Verständnis der Sakramente, München 1985. – „Der Autor entwirft in diesem Buch eine anthropologisch orientierte und vor der Glaubenstradition verantwortete Sakramententheologie. Die Sakramente sind demnach keine wunderlichen Vorkommnisse in einer religiösen Sonderwelt, sondern Handlungen, die tief im Wesen des Menschen angelegt sind."

Franz-Josef Nocke, Sakramententheologie. Ein Handbuch, Düsseldorf 1997. – Das lesenswerte, freilich anspruchsvolle Buch kann sowohl dem wissenschaftlichen Studium wie auch der kirchlichen Verkündigung dienen. Es spiegelt nicht nur den gegenwärtigen theologischen Erkenntnisstand, sondern vermittelt auch das sakramentale Denken in den Verständnishorizont heutiger anthropologischer Grunderfahrungen, heutiger Symbolerfahrungen vor allem.

Theodor Schneider, Zeichen der Nähe Gottes. Grundriss der Sakramententheologie, Mainz 1979, ⁷1998 (neu bearbeitete und erweiterte Auflage). – Ebenso der Tradition wie heutigen Fragestellungen verpflichtet, führt der Verfasser in die allgemeine Sakramentenlehre ein und gibt zugleich gut lesbare Überblicke über die Theologie der einzelnen Sakramente. Der Band, der auch nach Ausweis seiner vielen Auflagen sehr gute Resonanz gefunden hat, enthält nicht zuletzt reichliche Literaturangaben gerade zu den einzelnen Sakramenten.

Herbert Vorgrimler, Sakramententheologie, Düsseldorf 1987, ³1992. – Das theologisch anspruchsvolle Werk lässt sich bei seinen inhaltlichen Informationen von der These leiten, „dass das Verhältnis Gottes zu den Menschen grundsätzlich ‚sakramental' ist, so dass die ganze Heilsgeschichte und die Theologie sakramental geprägt sind". Auch die spirituelle Seite der Sakramente kommt dabei nicht zu kurz.

Gunther Wenz, Einführung in die evangelische Sakramentenlehre, Darmstadt 1988. – Das Buch des evangelischen Systematikers erörtert Grundfragen reformatorischer Sakramentenlehre unter Berücksichtigung sowohl der lutherischen als auch der reformierten Bekenntnistradition. Einlässlich wird dann insbesondere das evangelische Verständnis der Heilszeichen Taufe und Herrenmahl dargelegt.

Abkürzungen

A. a. O. bzw. a. a. O.	Am (am) angeführten Ort
AG	2. Vat., Dekret über die Missionstätigkeit der Kirche v. 7. 12. 1965 „Ad gentes"
Anm.	Anmerkung
Bd.	Band
can.	Canon (einzelne Rechtsbestimmung aus dem Kirchlichen Gesetzbuch CIC)
CGG	Christlicher Glaube in moderner Gesellschaft (30 Teilbände), hrsg. v. F. Böckle, F. X. Kaufmann, K. Rahner u. a., Freiburg i. Br.
CIC	Codex iuris canonici (Kirchliches Gesetzbuch)
DH	H. Denzinger: Enchiridion symbolorum, definitionum et declarationum de rebus fidei et morum. Kompendium der Glaubensbekenntnisse und kirchlichen Lehrentscheidungen. Lat.-deutsch, übers. und hrsg. von P. Hünermann, Freiburg i. Br. ^{37}1991.
f. ff.	folgende Seite (bzw. folgender Jg.), folgende Seiten (bzw. Jahrgänge usw.)
FS	Festschrift
GS	2. Vat., Past. Konst. über die Kirche in der Welt von heute v. 7. 12. 1965 „Gaudium et spes"
HerKorr	Herder-Korrespondenz, Freiburg i. Br. 1946 ff.
Hrsg.	Herausgeber
Jg.	Jahrgang
KatBl	Katechetische Blätter. München 1875 ff.
LThK^3	Lexikon für Theologie und Kirche, 3. Aufl., hrsg. von W. Kasper u. a., Freiburg i. Br. 1993 ff.
LKDog	Lexikon der katholischen Dogmatik, hrsg. v. W. Beinert, Freiburg i. Br. 1987, ^{3}1991, ^{4}1997
LG	2. Vat., Dogmatische Konstitution

	über die Kirche vom 21.11.1964 „Lumen gentium"
NHthG	Neues Handbuch theologischer Grundbegriffe, hrsg. v. P. Eicher, 5 Bde., München 1991
par.	Parallele, Parallelen
QD	Reihe „Quaestiones disputatae", erscheinend bei Herder, Freiburg i. Br.
RGG	Die Religion in Geschichte und Gegenwart, Tübingen 1909–13; 1927–32; 1956–62
SC	2. Vat., Konstitution über die heilige Liturgie v. 4.12.1963 „Sacrosanctum Concilium"
Sess.	Session = Sitzung, Sitzungsperiode
tzt D 9/I;II	Texte zur Theologie: Dogmatik, hrsg. von W. Beinert, Bde.9/I;II Sakramentenlehre, bearbeitet v. G. Koch, Graz u. a. 1991
UR	2. Vat., Dekret über den Ökumenismus vom 21.11.1964 „Unitatis redintegratio"
vgl.	vergleiche
v. Chr.	vor Christus
2. Vat.	Zweites Vatikanisches Konzil

Register

Abendmahl s. Eucharistie
Albertus Magnus 53
Anthropologie 125
Antimodernistenstreit 60
Aristoteles 52, 125
aristotelische Philosophie 125
Augustinus 44, 49–52, 54, 56, 95, 97

Beerdigungsritus 47
Befreiungstheologie 30, 126
Bekreuzigung s. Kreuzzeichen
Benediktion s. Segnung
Betz, Otto 27
Bibelbewegung 61
Boff, Leonardo 30
Buddhismus 27
Buße s. Bußsakrament
Bußsakrament 7, 11, 41 f., 55 f., 84 f., 88, 94, 106

Calvin, Johannes 55–57,
Casel, Odo 61 f.,64, 76
Cassirer, Ernst 28, 77
Codex Iuris Canonici 17

Donatismus 51, 127
Drewermann, Eugen 30, 92

Ehesakrament 7, 11, 20, 42, 46, 84, 86 f., 89, 94
Epiklese 90
Eucharistie 7, 11, 33, 36, 41, 47–51, 55, 62, 73, 83, 86, 88, 90, 97, 103–105, 111, 128
ex opere operato 17, 34, 58, 99
Exorzismus 99, 101, 103, 127

feministische Theologie 29, 127
Firmung 7, 11, 42, 49, 54, 83, 86–88, 91, 94, 128
Freud, Sigmund 92, 125, 131
Fußwaschung 39 f., 47, 99

Gnade 9, 13 f., 18 f., 22–24, 31 f., 34, 36, 43, 50 f. 53 f., 56, 58, 65, 78 f., 83, 87, 91, 105
Gnadenverdinglichung 18, 22
Gnadenlehre 18
Goerres, Albert 114
Goethe, Johann Wolfgang von 35, 107 f.
Gottesherrschaft 41, 43, 127
Guardini, Romano 61

Harnack, Adolf von 21
Harpprecht, Klaus 30
Heilsindividualismus 20
Heilswirklichkeit 50
Hieronymus 43
Hinduismus 27
Hugo von St. Victor 52

Irenaeus von Lyon 66
Itala 43

Johannes Chrysostomus 125
Jung, Carl Gustav 29, 125
Justin der Martyrer 48

Kant, Immanuel 130
Klee, Paul 26
Koch, Kurt 73 f.
Kollektives Unbewusste 29
Konfirmation 104 f.
Konsekration 83, 99
Konzil von Florenz 20, 54
Konzil von Trient 57, 59, 84, 97
Krankensalbung 7, 11, 42, 84, 86, 89, 94, 105, 106
Kreuzzeichen 27, 56, 99

Lamentabili 60
Langer, Susanne K. 77
Larcher, Gerhard 29
letztes Abendmahl 42
Liturgie 13, 16, 22, 24, 30 f., 39, 58, 65, 67, 69 f., 72–74, 80, 99 f., 102 f.
Liturgische Sprachnot 13, 22
Liturgische Bewegung 61

Loisy, Alfred 60
Lumen Gentium 64
Luther, Martin 55 f.

Mandala 27
Meditation 27, 90
Mithras-Kult 44, 129
Modernismus 60
Möhler, Johann Adam 59
Mönchsweihe 47
Mulack, C. 29
Mysterienkulte 21 f., 33, 43 f., 48, 128, 129
Mysterientheologie 62
mysterion 21, 38, 43, 45–49

Nocke, Franz Josef 25
North Withehead, Alfred 77

Ölsalbung 11, 42
Ontologie 32

Pascendi 60
Pascha-Mysterium 62, 64 f., 67, 69, 100, 111, 113, 130
Paulus 45, 51, 126
Petrus Lombardus 52
Pius X. 60
Platon 44, 126, 130
Platonismus 44, 54, 130
Plotin 130
Priesterweihe 51

Rahner, Karl 29, 61, 76, 78, 97, 104
Ratzinger, Joseph 66, 81
Realsymbole 14–16, 24, 28, 70 f.
Reformation 59, 100

Sacrosantum Concilium 64
sacramentum s. mysterion
Symbolhandlung 7–9, 38 f., 41, 56, 61, 66, 71, 79, 82, 85, 88–90, 92, 94 f., 99
Sakramentenpastoral 70, 75

Sakramententheologie 70, 75, 106
Sakramentalien 30, 65, 83, 97–102
Sakramentenempfänger 24, 30, 82, 85, 87
Sakramentenspender 30, 51, 68, 82–85
Scheeben, Matthias Joseph 59 f.
Schillebeeckx, Edward 61, 76
Schilson, Arno 25
Segnung 99, 101
Selbstmitteilung Gottes 43, 80, 87
Semmelroth, Otto 76, 97
Stundengebet 73

Taborda, Francisco 82
Taufe 7, 11, 33, 36, 41 f., 47–51, 54–56, 62, 83, 86–88, 91, 94, 97, 103–105, 110, 128
Tertullian 48 f.
Theodor von Mopsuestia 49, 125
Thomas von Aquin 52, 53 f., 58

Universalsakrament 10, 76 f., 95
Ursakrament 10, 76
Ursymbol 29, 90

Vertretungssymbole 14
Vulgata 43

Wachinger, Lorenz 112
Walser, Martin 13
Weihesakrament 7, 11, 20, 42, 54, 84, 86 f., 89, 91, 94
Wirkzeichen 14
Wortgottesdienst 73

Zeichenhandlung 23 f., 35, 39, 41, 87, 90
Zweites Vatikanisches Konzil 10, 12, 59, 62, 64, 67–71, 73, 76 f., 82, 100, 103, 108, 110
Zwingli, Huldrych 56

Bildnachweis

S. 11: Die sieben Sakramente der Kirche in symbolischer Darstellung. Graphik von Jakob J. Koch, Bonn; © beim Autor.

S. 26: Paul Klee, Schellenengel. 1939, 966 (AB6), Paul-Klee-Stiftung, Kunstmuseum Bern; © VG Bild-Kunst, Bonn 1994.

S. 28: Beispiele verschiedenartiger Symbole. Graphik von Klara Koch, Rottenburg; © beim Autor.

S. 40: Fußwaschung. Evangeliar Ottos III., Ende 10. Jh., München, Bayer. Staatsbibliothek, Clm 4453, fol. 237 r.

S. 63: Zug der Getauften zum Kreuz unter der Mittlerschaft der Ecclesia. Sog. Reichauer Malschule, um 1000 (Liuthar-Gruppe), Staatsbibliothek Bamberg, Msc. Bibl. 22.

S. 93: „Der Auferstandene ruft die Menschheit zum Leben". Fresko in der Erlöserkirche zu Konstantinopel, 14. Jh.

S. 102: Fußwaschung und Abendmahl. Evangelistar Heinrichs III., Echternach, um 1040. Bremen, Staatsbibliothek.

S. 114: Darstellung 1: The University of Chicago, Oriental Institute Publications, John A. Wilson, Thomas G. Allen (Hrsg.), Festival Scenes of Ramses III., Chicago 1940, Tafel 218 (Ausschnitt). – Darstellung 2 und 3: W. Helck, E. Otto (Hrsg.), Lexikon der Ägyptologie, Bd. I, Wiesbaden 1975, Tafel XXI Abb. 43 und 44.

Der Autor

Günter Koch, geb. 1931 in Darmstadt, Studium der Philosophie, der Klassischen Philologie und der katholischen Theologie in Erlangen, Heidelberg, Freiburg i. Br. (dort Promotion zum Dr. phil.), Frankfurt–St. Georgen und Würzburg (dort Promotion zum Dr. theol.). 1974 Habilitation für Dogmatik und Dogmengeschichte in Würzburg, seit 1980 apl. Professor. Tätigkeit in der katholischen Erwachsenenbildung, von 1977 – Ende 1999 Direktor der Katholischen Akademie Domschule Würzburg, Mitbegründer und Mitherausgeber der dort angesiedelten Würzburger theologischen Fernkurse.

Topos^{plus} positionen

Herausgegeben von Wolfgang Beinert

Günter Koch
Sakramente – Hilfen zum Leben
ISBN 3-7867-8380-2

Viele Menschen verstehen die Sakramente nicht mehr – andererseits stoßen sie bei vielen auf ein neues Interesse. Das Buch weist Wege, wie die Sakramente „Hilfen zum Leben" werden können.

Wolfgang Beinert
Tod und jenseits des Todes
ISBN 3-7867-8355-1

Der Tod geht alle an und er geht alle immer an, obwohl keiner ihn erleben wird. Was ist der Tod? Und was kommt jenseits des Todes?

Eberhard Schockenhoff
Krankheit – Gesundheit – Heilung
Wege zum Heil aus biblischer Sicht
ISBN 3-7867-8406-X

Was heißt krank sein in der Sicht medizinischer Denkweisen (anthropologisch, psychosomatisch, alternativ? Welche Deutungsmuster für Krankheit und Heilung bieten biblisches und theologisches Denken an?